Die Massaker von Río Negro von Jaime Hércules Estrada

Den Opfern und Überlebenden

der Violencia

in Guatemala gewidmet

Elote e. V.

Jesús Tecú Osorio

Erinnerungen an die Massaker von Río Negro.

Ein Leben im Kampf für Gerechtigkeit

Die vorliegende Publikation wird gefördert durch den

KATHOLISCHER FONDS K⬭PERATION EINE WELT

Informationen über
Elote e. V. – Solidarität, Partnerschaft und Dialog
mit der marginalisierten Bevölkerung Guatemalas
finden Sie unter
www.elote.de

Bibliografische Information Der Deutschen Bibliothek:
Die Deutsche Bibliothek verzeichnet diese Publikation in der Deutschen National-
bibliografie; detaillierte bibliografische Daten sind im Internet über
<http://dnb.ddb.de> abrufbar.
ISBN-10: 3-8334-6488-7   ISBN-13: 978-3-8334-6488-1

Titel der guatemaltekischen Originalausgabe: »Memoria de las Masacres de Río
Negro. Recuerdo de mis padres y memoria para mis hijos« © 2002 J. Tecú Osorio
Umschlaggestaltung: Charlotte Haeusler
Fotos: CIRMA, EAFG, Bert Janssens, Elisabeth Biesemans, P. Gregorio Ramírez
Donoso, Mario Estuardo Garrido Batres, Museo Comunitario Rabinal Achí
Vorwort der deutschsprachigen Ausgabe: Alexander Fischer
Anmerkungen der deutschsprachigen Ausgabe: Dr. Martin Haeusler, Alexander
Fischer
Übersetzung: Julia Frewein
Lektorat: Dr. Martin Haeusler
Herstellung und Verlag: Books on Demand GmbH, Norderstedt
Gedruckt auf säure-, holz- und chlorfrei gebleichtem, alterungsbeständigem Papier
Printed in Germany

ISBN-10: 3-8334-6488-7   ISBN-13: 978-3-8334-6488-1

Inhaltsverzeichnis

Einführung der deutschsprachigen Ausgabe

Liebe Leserin, lieber Leser,

die humanitäre Tragödie, die sich in Guatemala zwischen 1978 und 1983 abgespielt hat, ist in den letzten Jahren zunehmend in Vergessenheit geraten. Dabei ist eine gesellschaftliche Aufarbeitung des Völkermords gegen die Maya noch lange nicht abgeschlossen. Auch die sozialen und ökonomischen Folgen, die der Völkermord an der indigenen Bevölkerung nach sich gezogen hat, sind in weiten Teilen des Landes heute noch unübersehbar. Beinahe 75 Prozent der Guatemalteken fristen ein Leben unter menschenunwürdigen Bedingungen, insbesondere die Maya werden nach wie vor stark diskriminiert.

Da die Weltöffentlichkeit dem Land nur noch wenig Aufmerksamkeit schenkt, steht die guatemaltekische Regierung unter geringem Druck, das geschehene Unrecht aufzuarbeiten. Auch die Umsetzung des Friedensabkommens, welches 1996 zwischen der Regierung und der vereinigten Guerillaarmee URNG geschlossen wurde, stagniert. Insbesondere die Teilabkommen über die Identität und Rechte der indigenen Bevölkerung, die Menschenrechte und die Verbesserung der sozioökonomischen Lebensverhältnisse der verarmten Bevölkerungsmehrheit warten weiterhin darauf von der guatemaltekischen Regierung umgesetzt zu werden. Ebenso wenig werden die Verantwortlichen des Genozids für ihre Verbrechen gegen die Menschlichkeit zur Rechenschaft gezogen. Durch die vorherrschende Straffreiheit sinkt das Vertrauen der Bürger in den gesamten Rechtsstaat. Die Bevölkerung fühlt sich von staatlichen Institutionen (wie z. B. Polizei und Gericht) nur in geringem Maße geschützt und vertreten. Gemeinsam mit der Tatsache, dass ein Großteil der Guatemalteken unter schwierigsten Lebensbedingungen leidet, trägt das geringe Vertrauen in die staatlichen Institutionen dazu bei, dass sich die politische Lage in Guatemala zunehmend zuspitzt.

Es ist deshalb an der Zeit das Bewusstsein für die Lebensbedingungen in dem kleinen mittelamerikanischen Land zu stärken und an die Geschichte Guatemalas zu erinnern. Die folgende historische Einführung soll Ihnen zudem dabei helfen, die Hintergründe der grausamen Geschichte des Buchautors Jesús Tecú und seiner Gemeinde Río Negro besser verstehen zu können:

Die Unterdrückung und Ausbeutung der indigenen Mehrheit in Guatemala hat eine lange Tradition. Sie begann bereits mit der Eroberung des Mayareichs durch die Spanier im Jahre 1523 und hat sich auch nach der Unabhängigkeit von der Spanischen Krone 1821 fortgesetzt. Zunächst waren es die spanischen Kolonialherren, die den Maya ihre Rechte abstritten, ihre Arbeitskraft ausbeuteten und sie von ihren Ländereien vertrieb, später die nationale Agrarelite und ausländische Kapitalgesellschaften.

Erst die weitgehend friedliche Oktoberrevolution von 1944 ließ Hoffnung auf eine Verbesserung der Lebensbedingungen der indigenen Bevölkerung aufkeimen. Denn zum ersten Mal in der Landesgeschichte gelangte mit Juan José Arévalo (1945-1951) ein demokratischer Präsident an die Spitze des Staates, der sogleich bedeutende politische Reformen in die Wege leitete. Von besonderer Bedeutung war, dass Arévalo das umstrittene Gesetz gegen die Landstreicherei abschaffte, das Klein- und Kleinstbauern de facto zur unbezahlten Zwangsarbeit für Staat und Großgrundbesitzer verpflichtete. Auch seine – für lateinamerikanische Verhältnisse sehr fortschrittliche – Arbeitsgesetzgebung veränderte die Lebensbedingungen der guatemaltekischen Arbeitnehmer positiv, da sie deren Verhandlungspositionen gegenüber der Willkür der Wirtschaftseliten deutlich stärkte.

Arévalos sozialdemokratische Reformpolitik wurde auch von seinem Nachfolger Jacobo Arbenz Guzmán (1951-1954) weitergeführt. Arbenz gelang es die Hauptursache der gesellschaftlichen Missstände anzugehen, die in der extrem ungleichen Verteilung von Grundbesitz lag. Bei seinem Amtsantritt verfügten zwei Prozent der Grundbesitzer über rund zwei Drittel der gesamten landwirtschaftlichen Anbaufläche des Landes, während beinahe 90 Prozent der bäuerlichen Betriebe weniger Agrarland besaßen, als es zur Versorgung der Familien nötig gewesen wäre. Man kann sich vorstellen, welche schwerwiegenden Folgen diese ungerechte Verteilung in einem Land besaß, in dem Mitte des 20. Jahrhundert sieben von zehn Erwerbstätigen im Agrarsektor tätig waren.

Das unter der Bezeichnung Dekret 900 bekannt gewordene Landreformgesetz vom Juni 1952 kann als Erfolgsgeschichte ohne gleichen gesehen werden: 600.00 Hektar Land, das überwiegend aus dem Privatbesitz der nationalen und ausländischen Großgrundbesitzer stammte, wurde an 100.000 kleinbäuerliche Familien umverteilt. Diese groß angelegte Landreform begünstigte etwa ein Sechstel der damaligen Bevölkerung und verbesserte deren Lebensbedingungen schlagartig. Die gut durchdachte Landreform hatte nicht nur positive Auswirkungen auf die Ernährungssituation der armen Landbevölkerung, sondern war auch in volkswirtschaftlicher Hinsicht ein Erfolg. Da fast ausschließlich brachliegendes Land enteignet wurde, konnte die Produktion und damit das Bruttoinlandsprodukt Guatemalas gesteigert werden. Als Entschädigung für das enteignete Land zahlte die Regierung den ehemaligen Besitzern den Wert, den diese selbst in ihren Steuererklärungen angegeben hatten.

Da nur Brachland enteignet wurde, hatten die Großgrundbesitzer keine Produktionseinbußen zu verbuchen. Dennoch sahen sie ihre Privilegien in Gefahr, die sie über die Jahrhunderte hinweg erlangt hatten. Als besonders hartnäckiger und mächtiger Gegner der Landreform entpuppte sich der US-amerikanische Fruchtproduzent *United Fruit Company* (UFCo). Dieser war von den vorausgegangenen Diktatoren des Landes mit zahlreichen Privilegien ausgestattet worden und hatte eine solche Macht in Guatemala erlangt, dass man berechtigterweise von einem Staat im Staate sprechen konnte. Neben ihrem Kerngeschäft (Produktion und Export von Bananen) hatte die UFCo in der ersten Hälfte des 20. Jahrhunderts auf so viele andere Gesellschaftsbereiche übergegriffen, das man sie in Mittelamerika mit dem Beinamen „der Krake" („el pulpo") versah. Als Arbenz das Präsidentenamt übernahm, hielt die UFCo de facto das Monopol auf die Bananenproduktion in Guatemala und kontrollierte die zentralamerikanische Eisenbahngesellschaft (International Railways of Central America) sowie den einzigen Tiefseewasserhafen des Landes in Puerto Barrios. Da das Straßennetz sehr schlecht ausgebaut war, hatte die UFCo dadurch praktisch das gesamte nationale Transportsystem unter ihrer Kontrolle. Diese Vormachtstellung nutzte sie nicht selten um Konkurrenten vom Markt zu drängen und politische Entscheidungen zu ihren Gunsten zu erzwingen.

Durch die Landreform von 1952 verlor die UFCo etwa 70 Prozent ihres ehemals 220.000 ha umfassenden Grundbesitzes. Doch selbst durch diese umfangreiche Enteignung wurde ihre Produktionskapazität nicht beschnitten, da sie ohnehin nur rund 15 Prozent ihrer Agrarfläche bewirtschaftete. Es war auch nicht in vorderster Linie der Umfang der Enteignungen, welche die Gemüter der in Boston ansässigen Gesellschaft erregten, sondern vielmehr die Höhe der Entschädigungsleistungen. Da die UFCo jahrzehntelang einen deutlich zu niedrigen Wert für ihre Ländereien in ihren Steuererklärungen angegeben hatte um Steuern zu „sparen", lag die von der guatemaltekischen Regierung entrichtete Entschädigungssumme unter dem eigentlichen Marktwert. Den tatsächlichen Marktwert forderte die UFCo nun vehement, aber erfolglos als Entschädigung ein.

Mit der mächtigen und einflussreichen UFCo als Gegner war die Landreform zum Scheitern verurteilt. Der Regierung Arbenz wurden schließlich die ausgezeichneten Beziehungen, welche die UFCo zum US-Außenministerium und zur CIA unter der Regierung Eisenhower pflegte, zum Verhängnis. Da die USA ihre Interessen in Guatemala verletzt sahen, nahmen sie rasch eine äußerst aggressive Haltung gegenüber der guatemaltekischen Regierung ein. Der Vorwurf, der lautstark aus Washington zu vernehmen war, brandmarkte Arbenz und sein Reformprogramm als kommunistisch. Obwohl diese Anschuldigungen – wie man heute weiß – keinerlei Grundlage hatten, gab der US-Geheimdienst grünes Licht für den Plan, eine Söldnerarmee vom benachbarten Honduras aus nach Guatemala einmarschieren zu lassen, um Arbenz zu stürzen. Diese Invasion mit dem Namen *PBSuccess* wurde im Juni 1954 von übergelaufenen konservativen Offizieren und mit der Unterstützung von CIA-Piloten erfolgreich durchgeführt. Nach intensiven Verhandlungen zwischen der guatemaltekischen Armee und der US-amerikanischen Botschaft wurde daraufhin der rechtsgerichtete Oberbefehlshaber der Invasion, Carlos Castillo Armas, zum neuen Präsidenten ernannt. Unter dem Einfluss der US-Regierung nahm Castillo Armas die Reformen seiner beiden demokratischen Vorgänger zurück und machte damit die Errungenschaften des gesamten vorhergegangenen Jahrzehnts zunichte. Unter Armas kam es erneut zu Repressionen gegen Arbeiterorganisationen und Bauernverbände, die sich für eine Verbesserung der Lebens- und Arbeitsbedingungen in Guatemala stark machten.

Der zehnjährige „Demokratische Frühling" des Landes war an den wirtschaftlichen Interessen der USA gescheitert; das Land zurück in die Arme der Gewaltherrscher geführt. Nicht zu Unrecht hat deshalb der guatemaltekischen Philosoph und Schriftsteller Luis Cardoza y Aragón Guatemala als das „Land der ewigen Tyrannei" bezeichnet.

Der Sturz Arbenz führte Guatemala in eine vierzig Jahre andauernde, äußerst repressive Militärdiktatur, die alle Bemühungen der verarmten Bevölkerungsmehrheit, ihre Lebensbedingungen zu verbessern, mit Waffengewalt unterdrückte. Ein wachsender Teil der guatemaltekischen Gesellschaft kam in diesen Jahrzehnten zu der Überzeugung, dass ein Kampf um soziale Gerechtigkeit und politische Emanzipation nur mit revolutionären Mitteln durchzusetzen sei. Als sich jedoch die ersten bewaffneten Guerillaeinheiten formierten, eskalierte der Konflikt erst recht. Die Militärregime reagierten mit Gewalt auf die Aufständischen und die Teile der Zivilbevölkerung, die im Verdacht standen mit der Guerilla zu kooperieren.

Besonders die beiden Diktatoren Romeo Lucas García (1978-1982) und Efrain Ríos Montt (1982-1983) waren wild entschlossen die Aufständischen ein für alle mal zu besiegen. Ihre rassistisch gefärbte Aufstandsbekämpfungsstrategie der *„Verbrannten Erde"* richtete sich überwiegend gegen Mayagemeinden, da diese unter dem Generalverdacht standen, die Aufständischen zu unterstützen. Ganze Dörfer wurden zwischen 1978 und 1983 durch das Militär und zwangsrekrutierte Zivilpatrouillen dem Erdboden gleichgemacht. Bis zum Friedenschluss im Jahr 1996 fielen 200.000 Menschen dem bewaffneten Konflikt zum Opfer; über eine Million Menschen waren auf der Flucht. Der Bericht der UN-Wahrheitskommission (*Comisión para el Esclarecimiento Histórico*) stuft die staatliche Gewalt als Völkermord gegen die Maya in Guatemala ein.

Wie eingangs erwähnt sind sozialen und ökonomischen Folgen, die der Völkermord an der indigenen Bevölkerung nach sich gezogen hat, und die ohnehin prekären Lebensbedingungen in Guatemala noch verschlechterte, in weiten Teilen des Landes auch heute noch unübersehbar. Obwohl Guatemala inzwischen wieder von Zivilisten regiert wird und zumindest formell als Demokratie eingestuft werden kann, hat seit dem Sturz von Jacobo Arbenz keine Regierung mehr versucht den Status quo zugunsten der in Armut lebenden Bevölkerungsmehrheit nachhaltig zu verbessern. Um so mehr ist es an der Zeit die aktuelle Regierung an ihre Pflichten zu erinnern, die sie durch die Unterzeichnung der UN-Menschenrechtsabkommen und des Friedensvertrags von 1996 eingegangen ist. Die Chancen die guatemaltekische Regierung durch internationalen Druck zu einem Umdenken ihrer Politik zu zwingen, stehen gar nicht einmal so schlecht. Denn der aktuelle Präsident Oscar Berger ist um ein positives Bild des Landes in der Weltöffentlichkeit bemüht, um internationale Investoren ins Land zu locken. Den „Fall Guatemala" wieder ins Gedächtnis zu rufen ist eines der Ziele des vorliegenden Buches von Jesús Tecú Osorio.

Der Autor Jesús Tecú Osorio wuchs in dem Maya-Achí-Dorf Río Negro auf, als sich 1982 die vereinzelten gewaltsamen Übergriffe zur kollektiven Verfolgung aller Gemeindemitglieder ausweiteten. Der damals 11-jährige Jesús verlor binnen eines Jahres seine Eltern und mehrere Geschwister. In dem Massaker vom 13. März 1982, das Jesús als einer von wenigen Augenzeugen überlebte, fanden – wehrlos und unschuldig – 107 Kinder und 70 Frauen einen grausamen Tod. Jesús selbst wurde nach dem Massaker vom Mörder seines 5-jährigen Bruders Jaime verschleppt und musste dem Kriegsverbrecher mehrere Jahre in einem sklavenähnlichen Verhältnis dienen.

Die grausame Geschichte der kleinbäuerlichen Gemeinde Río Negro ging um die Welt. In dem 1999 erschienen UN-Wahrheitsbericht der *Comisión para el Esclarecimiento Histórico* (CEH, Bd. VI, Caso Ilustrativo No. 10) wird dem Fall Río Negro ein Sonderkapitel gewidmet. Der Bericht kommt zu dem Schluss, dass die Regierung versuchte, die Gemeinde zu vernichten und die gewaltsamen Übergriffe demnach den Charakter eines Völkermordes hatten. Es wird geschätzt, dass durch den Staatsterror zwischen 1980 und 1982 etwa die Hälfte der achthundert indigenen Bewohner Río Negros ums Leben kamen. Der Bericht betont auch, dass es sich bei den Opfern nicht um Guerillakämpfer handelte, sondern um unbewaffnete Zivilisten. Die Militärregierung und ihre paramilitärischen Helfer hatten ihr grausames Vorgehen damit gerechtfertigt, dass die Bewohner von Río Negro Aufständische seien. Heute weiß man, dass diese Anschuldigungen nicht gerechtfertigt waren. Der wahre Grund für das grausame Vorgehen liegt in Wahrheit vielmehr darin, dass in der Nähe des Dorfes ein Großstaudammprojekt geplant war, für dessen Realisierung die Bewohner von Río Negro von ihren Ländereien vertrieben werden mussten. Vorausgegangene Verhandlungen zwischen der staatlichen Energiegesellschaft INDE und den Gemeindemitgliedern waren daran gescheitert, dass die von INDE angebotenen Entschädigungsleistungen in keiner Weise die Verluste an Agrarfläche und Wohnraum deckten und somit die kleinbäuerlichen Existenzen bedroht gewesen wären. Erst im Rahmen der Verhandlungen um die Entschädigungsleistungen, etwa im Jahr 1978, zeigte die Guerilla Präsenz in der Region. Aber selbst zu dieser Zeit gab es in Río Negro nur wenige Unterstützer des bewaffneten Befreiungskampfes. In Wahrheit trieben erst die Massaker die Überlebenden in die Arme der Guerilla, da diese sie dabei unterstützte, in den Bergwäldern Zuflucht vor der Gewalt des Militärs zu finden.

Auch dem persönlichen Schicksal von Jesús und einigen anderen Kindern der Gemeinde Río Negro ist ein Sonderkapitel des Wahrheitsberichts der Vereinten Nationen (CEH, Bd. VI, Caso Ilustrativo No. 14) gewidmet. Die grausamen Erlebnisse, über die Jesús in dem vorliegenden Buch berichten wird, stehen stellvertretend für hunderttausende von tragischen Einzelschicksalen, die die Welle der Gewalt gegen die Maya hervorgebracht hat. Der Mut und die Kraft, die Jesús in seinem friedlichen Kampf um Gerechtigkeit in den vergangenen 13 Jahren aufgebracht hat, sind jedoch nahezu beispiellos. Jesús hat unter Gefährdung seines Lebens das Schweigen gebrochen, um sich für Gerechtigkeit, gegen das Vergessen und für menschliche Lebensbedingungen in der Region einzusetzen. Dieses Engagement jenseits finanzieller Eigeninteressen hat ihm verschiedene Menschenrechtspreise auf nationaler und internationaler Ebene eingebracht.

In Europa und den USA hat Jesús daraufhin als Gastreferent auf internationalen Kongressen, an Universitäten, Schulen und bei öffentlichen Veranstaltungen von entwicklungspolitischen und kirchlichen Gruppen über die Ereignisse in Río Negro gesprochen. So fand er die finanzielle und moralische Unterstützung, die er für seinen Kampf um Gerechtigkeit dringend benötigt. Auf diese internationale Solidarität ist Jesus trotz seines unermüdlichen Einsatzes aus mehreren Gründen auch weiterhin angewiesen: zu seinem persönlichen Schutz in einem Land, in dem die Menschenrechte weiterhin systematisch mit den Füßen getreten werden; um den Friedens- und Entwicklungsprozess in der Region vorantreiben zu können; und als moralischer Rückhalt in schwierigen Situationen. Dies sind schlagkräftige Argumente für uns, Jesús auch in Zukunft aktiv bei der Gestaltung eines gerechteren und menschenwürdigeren Guatemalas zu unterstützen.

Die Ihnen nun erstmals in deutscher Sprache vorliegende Ausgabe von Jesús Tecús Autobiographie wurde neben dieser Einführung um einige Anmerkungen im Text erweitert. Die Fußnoten sollen dem Leser Sachverhalte und Begriffe erläutern sowie für das Verständnis des Werkes notwenige Hintergrundinformationen liefern.

Im Namen von Elote e. V und Jesús Tecú möchte ich mich bei all denjenigen bedanken, die ehrenamtlich dazu beigetragen haben, Ihnen Jesús Tecús Autobiographie in einer deutschsprachigen Ausgabe präsentieren zu können. Dieser Dank gilt insbesondere Julia Frewein für die Übersetzung und Martin Haeusler für das Lektorat des Buches. Bedanken möchten wir uns auch beim Katholischen Fonds für die finanzielle Unterstützung, die uns bei der Herausgabe des Buches sehr geholfen hat. ¡Muchas Gracias! ¡Maltiox!

Wir wünschen Ihnen nun eine lehrreiche und interessante Lektüre! Und denken Sie daran: Die Eine Welt baut jeder mit!

Alexander Fischer, Elote e. V.

 Elote e. V. – Solidarität, Partnerschaft und Dialog mit der marginalisierten Bevölkerung Guatemalas ist ein gemeinnütziger Verein mit Sitz in Eichstätt. Elote unterstützt Selbsthilfeprojekte in Guatemala und leistet entwicklungspolitische Bildungsarbeit in Deutschland. Ausführliche Informationen über unsere Programme finden Sie unter www.elote.de.

Vorwort des Autors

In Erinnerung an meine Eltern und
als Andenken für meine Kinder

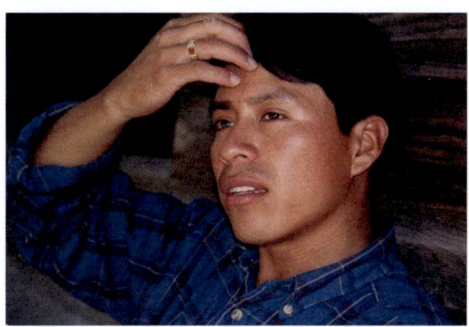 Ich heiße Jesús Tecú Osorio und bin einer der wenigen Überlebenden der Massaker, die von Mitgliedern des guatemaltekischen Militärs und den Patrouillen für zivile Selbstverteidigung PAC (Patrullas de Autodefensa Civil) in meinem Dorf Panima´, auch Río Negro genannt, (Landkreis Rabinal, Department Baja Verapaz, Guatemala) verübt worden sind.

Ich schreibe dieses Buch um an meinen Vater, an meine Mutter, an meine Schwester, an meine Brüder und an alle Opfer unseres Dorfes zu erinnern. Ich möchte, dass es ein Zeugnis des Leidens ist, das viele Guatemalteken erlebt haben. Dieses Buch soll dazu dienen, dass meine Kinder, die Bewohner des Landkreises Rabinal und Guatemalas diese Verbrechen nicht vergessen und sich das Grauen niemals wiederholt, und dass die Täter für Ihre Vergehen vor Gerichten zur Rechenschaft gezogen werden.

Jesús Tecú Osorio

Kapitel 1

Die Erde, die mich geboren hat

Panima´ oder Río Negro

Tage wie alle Tage
fühlt man fast nichts.
Aber es kommen Tage,
die bleiben unvergesslich.
Man hört sie herannahen
mit dem Hauch des Windes,
der die Zeit des
Neumondes ankündigt.

Tage
Humberto Ak'abal

Die Geschichte des Dorfes Río Negro

Vor ungefähr dreihundert Jahren, noch bevor unser Dorf sich Río Negro nannte, kamen – den Erzählungen unserer Großväter Don Anastasio Osorio Chen und Don Rosalío Sánchez Cahuec zufolge – dutzende Händler aus Rabinal an diesem Ort vorbei, um ihre Produkte in San Cristóbal (Alta Verapaz) zu verkaufen. Sie benutzten einen Fußweg, der immer am Flussufer entlang verlief und bis nach San Cristóbal führte. Damit sie nicht überfallen oder von wilden Tieren angegriffen wurden, taten sie sich zu Gruppen zusammen, denn das gesamte Flussufer war gefährlich, da stark bewaldet und deshalb sehr dunkel.

Die Händler machten immer an den gleichen Orten Pause, so z. B. in Los Encuentros und manchmal auch in Vega[1] de San Pablo. Den Großeltern zufolge erhielt Vega de San Pablo diesen Namen, weil der heilige Paulus (span. San Pablo) den Platz zum Ausruhen auswählte, wenn er nach San Cristóbal reiste. Wenn die Händler dort Pause machten, bewunderten sie die fruchtbare Erde und den dichten Wald. Sie sahen auch, wie einfach es war, dort Fische mit der Hand zu fangen. Außerdem wussten sie, dass sich dieser Ort schon sehr nah an San Cristóbal befand. Damals gab es ja weder Straßen noch Autos, um in die Dörfer zu gelangen, und San Cristóbal lag recht isoliert: Von der Kreisstadt Rabinal aus war es nur in einem gut 15-stündigen Fußmarsch zu erreichen.

---

[1] Vega: Flaches, ebenes und fruchtbares Land, das normalerweise von einem Fluss bewässert wird; Auenland

24

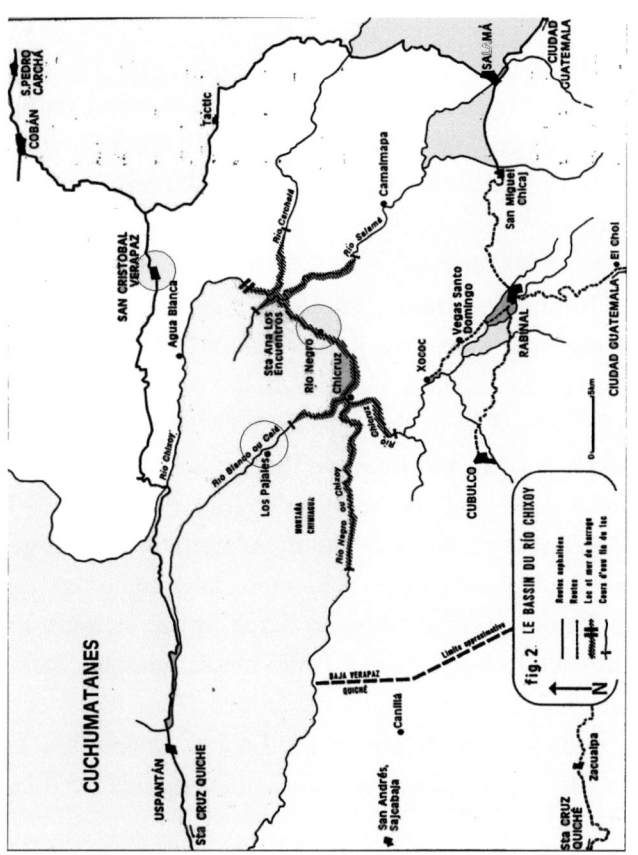

Die Region um Río Negro (Quelle: Ichon et al, 1996)

Einige der Händler, die zu dieser Zeit nach San Cristóbal zu gehen pflegten, waren Manuel Osorio, Valentín Chen, Felipe Burrero, Sebastián Osorio, Manuel Valey Canahuí, Mariano Uscap, Gregorio Cahuec, Santos Corazón, José Sánchez und Santiago Cahuec. Sie stammten aus den Dörfern Vega de Santo Domingo und Pachicá, die zum Kreis Rabinal gehören. Eine Gruppe entschied, sich in Vega de San Pablo niederzulassen. Nach ihrer Ankunft fingen sie zuerst damit an, das Land zu kultivieren. Das Essen, das sie bei sich hatten, reichte gerade für eine Woche, und deshalb kehrten sie nach einer Woche in ihre Dörfer zurück, um Lebensmittel zu holen. Dies taten sie jede Woche und irgendwann fällten sie die Entscheidung, für immer in Vega de San Pablo zu bleiben. Sie organisierten sich, um gemeinsam zu arbeiten und gemeinsam Problemen entgegentreten zu können. Jeder steuerte eine Garrote[2] bei, an deren Spitze sich ein Eisenstück befand. Um sich in Vega de San Pablo niederzulassen, baten sie Don Esteban um Unterstützung, den damaligen Bürgermeister Rabinals. Zudem wurden sie von dem einzigen Ladino[3] unterstützt, der in Rabinal lebte, an dessen Namen sich aber niemand mehr erinnert.

Die Monate vergingen und die Anzahl der Personen, die in Vega de San Pablo leben wollten, stieg immer weiter an. Dies veran-

---

[2] Garrote: Stock, der als Wanderstab, Waffe oder für andere Zwecke benutzt wurde.

[3] Ladino: Mestizen; Vertreter der nicht-indigenen Bevölkerungsgruppe, entweder aufgrund ihrer Abstammung (Mischlinge europäischer, meist spanischer und indigener Herkunft) oder aufgrund ihrer kulturellen Selbstzuschreibung. Nach letzterer Definition gelten auch Menschen indigener Herkunft als Ladinos, wenn sie sich von der traditionellen Lebensweise abgewendet haben und die spanische Sprache als Muttersprache anerkennen.

lasste die Vorsteher der neuen Dorfgemeinschaft, nach einer Stelle zu suchen, die mehr Raum bot. Schließlich zogen sie an eine Stelle etwas weiter oberhalb und gaben diesem Ort den Namen Panima' oder Río Negro[4]. Dieser Name lässt sich darauf zurückführen, dass die Stelle mit Gestrüpp überwuchert war. Außerdem führte der Fluss oft Abfall und Holz mit sich und spülte dergleichen in Panima' an.

Die Beziehung zwischen Río Negro und dem Dorf Xococ einige Jahre nach dessen Entstehung

Eine sehr traurige Geschichte erzählen unsere Großeltern von der Regierungszeit von Jorge Ubico[5], der die Armee benutzte, um die Campesinos[6] dazu zu zwingen, Wege zu bauen und im ganzen Land Telefonleitungen zu verlegen. Die neu entstandene Infrastruktur kam allerdings einzig den Reichen zugute. Es waren unsere Großeltern, welche die Straßen bauten, die heute von Rabinal nach Salamá und von Rabinal nach El Chol und Granados führen. Sie arbeiteten, ohne Bezahlung oder Nahrungsmittel dafür zu erhalten. Das einzige, was sie nach Beendigung der Arbeit bekamen, war eine Bestätigung, dass sie an der Arbeit teilgenommen hatten. Zur Essenszeit nahmen sie

---

[4] Der Ortsname Panima´ (Maya-Achí) bzw. dessen spanische Übersetzung, Río Negro, bedeuten im Deutschen „schwarzer Fluss".

[5] Obwohl er demokratisch als Nachfolger von José María Reina Andrade gewählt wurde, errichtete Jorge Ubico während seiner Amtszeit von 1931 bis 1944 eine Militärdiktatur. Wahlen und Parteien wurden abgeschafft, politische Gegner verfolgt, Zwangsarbeit für die indigene Bauern wieder-eingeführt. Wirtschaftlich konnte er einige Erfolge vorweisen, unter seiner Führung erholte sich Guatemala von der Weltwirtschaftskrise. 1944 musste er nach massiven Protesten zurücktreten.

[6] Campesinos: Meist sehr arme Kleinbauern, die zur Überlebenssicherung Ackerbau betreiben.

nur Wasser zu sich, weil sie kein Geld hatten, um Nahrungsmittel zu kaufen. Wenn sie Glück hatten, bekamen sie Bananen, die sie samt der Schale aufaßen. Sie aßen auch die jungen Triebe von Lianen, um zu überleben.

Viele der Arbeiter hielten die schwere Arbeit nicht aus und starben an Hunger, an Krankheiten oder durch Unfälle. Die Menschen lebten in extremer Armut. Die Campesinos hatten nicht einmal Geld, um Nähgarn zu kaufen und ihre Kleidung zu flicken. Die meisten Campesinos trugen so löchrige Kleidung, dass man ihre Haut sehen konnte. Denn um ihre Kleidung zu flicken, standen den Menschen aus Panima' oder Río Negro nur Palmzweige zur Verfügung.

Das Leben der Campesinos verschlechterte sich noch mehr, als der Posten des Militärkommissars[7] geschaffen wurde. In jede Gemeinde sollte es drei dieser Paramilitärs[8] geben, deren Aufgabe darin bestand, die Zivilbevölkerung zu kontrollieren. Sie wachten darüber, dass es keine Gruppen gab, die sich der Politik des Präsidenten Ubico widersetzten. Sie zwangen Witwen und allein stehende Frauen, Straßen zu bauen. Nur die Frauen, die einen Ehemann hatten, muss-

---

[7] Präsident Ubico schuf 1938 den Posten des Militärkommissars (comisionado militar) als Vertreter der Armee vor Ort. Die Kommissare füllten eine Lücke, die aufgrund der fehlenden Ziviladministration auf dem Land bestand. Ihre Arbeit war ehrenamtlich, wurde unbefristet ausgeübt und beinhaltete u. a. die Rekrutierungen für den Militärdienst, Gefangennahme von Straftätern, Vorladungen und Einberufungen. Sie konnten in den Gemeinden aushandeln, wer Militärdienst leisten musste und wer nicht, was ihnen von Anfang an großen Einfluss gab. Diese Funktion verschärfte nach Ausbruch des bewaffneten Konflikts vor allem im Osten des Landes die Auseinandersetzungen dramatisch. Die nachfolgenden Regierungen schufen die Militärkommissare nicht ab.
[8] Paramilitär: außergesetzliche, bewaffnete Kampftruppe, die eigene oder staatliche Interessen mit militärischen Mitteln verfolgen.

ten nicht im Straßenbau mitarbeiten und konnten sich so vor den Repressalien Ubicos retten. Auch Liebesabenteuer wurden mit Zwangsarbeit bestraft. Männer und Frauen, die bei so etwas erwischt wurden, mussten Zwangsarbeit leisten.

Die Militärkommissare aus Xococ kamen regelmäßig nach Río Negro. Sie verschafften sich gewaltsamen Zutritt zu den Häusern und schlugen die Menschen, die sie antrafen. Die Campesinos zeigten die Papiere vor, auf denen bescheinigt wurde, dass sie beim Straßenbau mitgearbeitet hatten. Diese Dokumente sollten sie eigentlich schützen. Doch die Militärkommissare hörten nicht auf, sie auf eine derart unmenschliche Weise zu schlagen, dass die Menschen von Río Negro die schlechte Behandlung bald nicht mehr ertrugen. Folglich beschlossen sie, in die Berge zu flüchten und dort auch zu schlafen, da die Militärkommissare tagsüber und nachts kommen konnten.

In ihren Erzählungen über die Besuche der Militärkommissare von Xococ in unserem Dorf berichten unsere Großeltern auch von Zwangsrekrutierungen, denen Jugendliche zum Opfer fielen. Sie wurden zum Militärdienst mitgenommen.

Dies geschah in den 1930er Jahren. Verschiedene Male versteckten sich die Jugendlichen vor den Militärkommissaren von Xococ. Manchmal nutzten sie den Fluss, um sich zu schützen: Sie schwammen an das andere Flussufer und machten sich dann über die Militärkommissare lustig, die nicht schwimmen konnten. Auch andere Personen, die mit dem Militär zusammenarbeiteten, versuchten die Jugendlichen für den Militärdienst zu gewinnen. Sie kamen ins Dorf und gaben vor, Petates[9] kaufen oder Brot, Süßigkeiten und Tomaten verkaufen zu wollen, aber in Wirklichkeit wollten sie herausfinden, in welchen Häusern Jugendliche wohnten.

Das ist einer der Gründe, warum die Mehrheit der Männer der Gemeinde Río Negro keinen Militärdienst geleistet hat.

Wie die enge Verbindung zu dem Dorf Xococ entstand

Seit langer Zeit hatten die drei Dörfer Río Negro, Xococ und Los Pajales de Uspantán[10] in El Quiché gute Beziehungen zueinander. Das gute Verhältnis beruhte darauf, dass es ein Grundstück namens Los Pajales gab, welches allen drei Dorfgemeinschaften gehörte. Es war eine große Fläche, die eine Ausdehnung von 631 Hektar hatte. Die Beziehungen verfestigten sich im Jahr 1970 noch mehr, als Menschen aus Cubulco und aus dem Dorf Morán (das zur Gemeinde San Cristóbal gehört) versuchten, das Land zu besetzen. Die drei Dorfgemeinschaften (Río Negro, Xococ und Pajales) leisteten großen Widerstand und schafften es schließlich, die Eindringlinge zu vertreiben. Damals sagten die Alten:

---

[9] Petates: Flechtwerk aus Palmfäden, die in heißen Ländern als Matratzenersatz benutzt werden.
[10] Los Pajales liegt zwar nur wenige Kilometer entfernt von Río Negro (stromaufwärts an einem Nebenfluss des Río Chixoy), gehört aber schon zum Nachbardepartement El Quiché.

Wir werden den Eindringlingen nicht erlauben, dass sie uns das Land wegnehmen, denn es wird auch in der Zukunft noch für unsere Kinder nützlich sein.

Das Gemeinschaftsland ist sehr bergig, ein recht steiniger Hügel, der aber sehr gut ist, um Mais, Frijoles[11], Maicillo[12] und Kürbis anzubauen. Die Großeltern sagten:

Wir werden um dieses Land kämpfen, damit es ausschließlich unseren Enkel gehören wird.

Ladinos dringen in Río Negro ein

Während die Dorfgemeinschaft von Río Negro gemeinsam mit den anderen kämpfte, um das Gemeinschaftsland Los Pajales zurückzubekommen[13], wurde ihr Gebiet von einer anderen Gruppe besetzt. Die Eindringlinge waren Ladinos, denen das an Río Negro angrenzende Landgut Monte Redondo gehörte. Hier entwickelte sich ein weiterer Streitfall, doch obwohl das Dorf Río Negro mit vielen Problemen zu kämpfen hatte, versuchten sie vorwärts zu kommen. Sie nahmen das neue Problem in Angriff und strengten ein Gerichtsverfahren gegen die Eindringlinge an.

---

[11] Frijoles sind schwarze Bohnen, die in Guatemala neben dem Mais eines der wichtigsten Grundnahrungsmittel für die Landbevölkerung sind.

[12] Der Maicillo gleicht der Hirse, ist bei uns nur als Ziergras unter dem Namen „Mohrenhirse" bekannt, dient in Guatemala als Nahrungsmittel, die Samen sind sehr nahrhaft.

[13] Tatsächlich gewinnt die Gemeinde 1976 den zweiten Prozess um das Gemeinschaftsland, weil die Bevölkerung von Río Negro einen Anwalt beauftragt, sie vor Gericht zu vertreten. Dieser Anwalt findet nach einiger Zeit verschollene Original-Dokumente, die die Besitzverhältnisse klären.

Die Menschen aus Río Negro mussten ihr gesamtes Eigentum verkaufen, um den Prozess gewinnen zu können. Sie heuerten Anwälte an, um juristischen Beistand zu bekommen. Das war den Ladinos jedoch egal. Sie trieben immer wieder ihr Vieh in das Gebiet von Río Negro. Sie waren völlig rücksichtslos und zeigten ihren Hass auf die Indígenas. Sie waren Rassisten. Doch die Leute aus Río Negro reagierten auf das überhebliche Verhalten der Ladinos. Sie begannen, die Kühe zu schlachten, die in ihr Gebiet getrieben worden waren. Leider war dies ein gutes Argument für die Ladinos. Sie konnten so die Behörden dazu bringen, mehrere Angehörige der „Ambulanten Militärpolizei"[14] nach Río Negro zu schicken, um die für die Schlachtung der Tiere verantwortlichen Personen festzunehmen und sie in die Kreishauptstadt Rabinal mitzunehmen.

Von dort wurden sie heimlich in einen LKW verladen, in der Absicht, sie fern von Rabinal zu ermorden. Doch eine Dame namens Ramona Piox fand den LKW mit den Männern verdächtig und beeilte sich, sie bei den entsprechenden Behörden anzuzeigen.

Die Polizei machte sich sofort an die Verfolgung des Lasters und leitete außerdem eine Untersuchung der Vorfälle ein. Die Polizei holte den LKW auf dem Weg von Rabinal nach Salamá am Gipfel von Chuwa María, ca. 7 km vor Salamá, ein. Sie brachten den Lastwagen zurück nach Rabinal und nahmen alle Beschuldigten fest. Diese verbrachten 15 Tage im Gefängnis von Rabinal, während nachgeforscht wurde, ob sie sich des versuchten Mordes schuldig gemacht hatten oder nicht. Nach Beendigung der Untersuchungen

---

[14] Schon 1966 sind innerhalb der regulären Strukturen der Armee Spezialeinheiten für die Aufstandsbekämpfung gebildet worden, die Ambulante Militärpolizei *(Policía Militar Ambulante, PMA)* war speziell für ländliche Gebiete zuständig.

wurde entschieden, dass sie zwar nicht schuldig waren, aber eine Geldstrafe zu zahlen hatten, um aus dem Gefängnis freizukommen.

Der Handel zwischen beiden Gemeinden

Die Einwohner von Panima' kamen jeden Donnerstag und Sonntag hinunter zum Markt von Xococ, um Palmzweige (span. Palma), Petate, Ocote[15] und Fisch zu verkaufen. Manche brachten ihre Waren mit dem Pferd, andere trugen sie auf dem Rücken.

Nachdem sie ihre Waren verkauft hatten, kauften sie von dem Erlös Mais, Bohnen, Zucker, Süßigkeiten und Seife für die nächste Woche.

Das Dorf zu verlassen, um Waren zu verkaufen, war ein einziges Abenteuer. Die Campesinos mussten Río Negro gegen zwei Uhr nachts verlassen, um gegen sieben Uhr morgens am Markt zu sein. Um die Dunkelheit zu durchdringen, zündeten sie Ocoteholz an. Das warf zwar ein sehr schwaches Licht, aber sie konnten damit bis zum Sonnenaufgang den Weg etwas erhellen. Auf dem Rückweg mussten sie den Markt von Xococ gegen zwölf Uhr Mittag verlassen, um gegen sieben Uhr abends in Río Negro anzukommen.

In dieser Zeit verkauften die Leute aus Río Negro Palmzweige zum Preis von 1 Centavo[16] das Dutzend. Leute aus Xococ kauften die

---

[15] Ocote: Pinienart, deren Holz zum Feueranzünden benutzt wird.
[16] Guatemaltekische Währungseinheit; 100 Centavos entsprechen 1 Quetzal. Bis 1979 war der Quetzal an den US-Dollar gebunden und wurde deshalb 1:1 umgetauscht. Heute (September 2006) entsprechen 7,6 Quetzales einem US-Dollar.

Palmzweige und machten daraus Petates, die sie am Markt von Rabinal für 10 Centavos das Stück verkauften.

Die Männer aus Río Negro widmeten sich dem Sammeln und Verkaufen der Palmzweige. Sie stiegen auf die Berge, um die Palmzweige hinunterzubringen, trockneten sie und banden sie dann zu einem Dutzend zusammen. Einen Teil der fertigen Bündel brachten sie in ihre Häuser, damit die Frauen Palmmatten flechten konnten. Der andere Teil wurde verkauft. So verdienten sich die Bewohner der Dörfer Xococ, Río Negro, Canchún, Chitucán und Mangales ihren Lebensunterhalt. Außerdem gingen Leute aus Panima' oder Río Negro donnerstags und sonntags auch runter zum Markt nach Cristóbal, um Petates, Strohhüte und Sullate zu verkaufen. Sullate wird von Palmen gewonnen und wie eine Art Matratze für die Betten verwendet oder unter dem Sattel auf den Rücken der Pferde gelegt.

Wenn sie ihre Waren verkauft hatten, kauften sie Mais, Bohnen, Zucker, Süßigkeiten und Avocados für den Wochenbedarf. Auf dem Rückweg nach Hause nahmen sie Boj[17] zu sich, um die Erschöpfung zu vergessen. Sie tranken es bei jeder Rast. Den Boj kauften sie in den Häusern am Wegrand. Eine Kanne Boj kostete sie 10 Centavos. Die Alten mochten dieses Getränk sehr gerne.

Von dem Dorf Xococ aus gab es eine Verbindung nach Rabinal, eine unasphaltierte Landstraße, auf der Autos fahren konnten. Auf dieser brauchen Pickups und LKWs derzeit eine halbe Stunde von der Kreisstadt Rabinal ins Dorf Xococ.

---

[17] Boj: Berauschendes Getränk, das typisch für die nördliche Region Guatemalas ist.

Ein Großvater namens Francisco Osorio hat mir auch berichtet, dass er in jungen Jahren an die Südküste fuhr, um bei der Baumwollernte zu helfen. Manchmal warb ein Contratista[18] zur Erntezeit eine Gruppe von Saisonarbeitern an, die sich aus Männern, Frauen und Kindern zusammensetzte. Der Contratista nannte ihnen einen bestimmten Tag für die Fahrt und alle trafen sich in der Hauptstadt.

Da man damals nur zu Fuß in die Hauptstadt gelangen konnte, dauerte es von Río Negro aus fast drei Tage, bis man in der Hauptstadt ankam.

Die erste Pause legten sie - je nachdem, zu welchem Zeitpunkt sie losgegangen waren - in Rabinal ein. Am nächsten Tag standen sie im Morgengrauen auf und gingen bis Concúa, dem zweiten Rastort. Am folgenden Tag brachen sie im Morgengrauen auf und kamen bis zur Hauptstadt. Von dort wurden sie im Zug an die Südküste befördert.

Unsere Großeltern litten viel zu dieser Zeit. Sie mussten viel zu viel laufen und wurden dann bei der Arbeit ausgebeutet. In diesen Jahren zahlten die Gutsbesitzer 3 Quetzales für dreißig Arbeitstage. All dies geschah am Anfang des 20. Jahrhunderts.

---

[18] Ein Contratista ist jemand, der in den verschiedenen kleinen Dörfern Arbeitskräfte für große Plantagen anwirbt.

Dorfbewohner beim Petate schneiden   . . . und beim Petate flechten

Sombrero, Sullate und Palma   Marktgang nach Xococ

Rìo Negro vor 1980:
Mais und Häuser

Kapitel 2

Erinnerungen an meine Eltern

Als meine Eltern sich kennen lernten

Schreie hier,
Schreie dort,
Schreie überall,
die Übermacht setzt sich durch,
ich fletsche die Zähne,
und wir Dorfbewohner schlucken
die bittere Spucke unserer Ohnmacht hinunter,
ohne uns anders verteidigen zu können
als mit unseren nackten Oberkörpern.

Die gelbe Blume der Gräber
Humberto Ak'abal

Erinnerungen an meine Eltern

Xococ ist ein Dorf, das in meiner Familie bittere Erinnerungen hervorruft. Mein Vater, Lauriano Tecú, lebte dort, seit er im Alter von fünf Jahren zum Waisen geworden war. Mein Vater ist in Río Negro geboren worden und wurde nach dem Tod seiner Eltern von seiner Tante Martina Rojas aufgenommen. Don Chilo Orrego, ein Ladino aus Xococ, wurde bei Doña Martina vorstellig und bat sie, ihm den Waisenjungen zu schenken. Er schaffte es, sie zu überzeugen. Am selben Tag nahmen sie meinen Vater mit nach Xococ. Er wohnte acht Jahre lang bei diesem Mann und führte ein Sklavenleben.

Jeden Tag stand er um vier Uhr morgens auf, um die Kühe zu melken. Manchmal begleitete ihn Don Chilo. Der Herr ritt auf dem Pferd und mein Vater ging zu Fuß. Er musste mit dem Pferd Schritt halten, denn wenn er es nicht tat, wurde er vom Hund des Ladinos attackiert.

Wenn Pferde entliefen, war mein Vater derjenige, der sie wieder finden musste. Falls er sie nicht schnell genug entdeckte, schrie Don Chilo ihn an:

Hast du deine Eltern schon gefunden, du Scheißkerl?

Wenn mein Vater ihm nicht antwortete, hetzte der Herr seine Hunde auf ihn. Eines Tages schlug die Tochter von Don Chilo meinen Vater. Sie verpasste ihm Faustschläge in die Augen, bis diese geschwollen und dunkelviolett waren. Mehrere Tage lang konnte er nichts mehr sehen. Don Chilo kümmerte sich nicht einmal darum, ihn zu einer Gesundheitsstation zu bringen, geschweige denn zum Arzt.

Eine der anderen Töchter machte meinem Vater salzige Umschläge[19], um die Schwellung zu lindern. Er schrie vor Schmerzen, wenn sie die Wunde berührte. Die Augenverletzungen verheilten gerade, als er wieder angegriffen wurde, diesmal von Don Chilo. Er befahl meinem Vater, sein Pferd zu satteln, und als der Herr sah, dass er es nicht konnte, schlug er ihm mit dem Gewehrkolben auf den Kopf. Mein Vater fiel bewusstlos zu Boden und blieb dort über eine Stunde liegen.

So viele Qualen ertrug mein Vater nicht länger. Er suchte nach einer Möglichkeit zu entkommen und beschloss, dies an einem Sonntag zu tun. Er wählte bewusst diesen Tag, weil es ein Markttag war und deshalb viele Leute ins Dorf kamen. An diesem Sonntag stand er früh auf und nahm ein Seil, um so zu tun, als mache er seine gewohnte Arbeit. Don Chilo sah ihn und fragte:

Wohin gehst du, Junge?

Mein Vater antwortete ihm:

Heute ist Sonntag, da kann ich gut mal nach dem Vieh sehen.

---

[19] Salzige Umschläge: gekochtes Wasser mit Salz, das Entzündungen lindert.

Als mein Vater außerhalb des Hauses war, nahm er die Gelegenheit wahr zu entkommen. Er beschloss eine Quebrada[20] entlang zu laufen, durch die ein Bach floss, um seine Spuren zu verwischen und von den Hunden des Ladinos nicht gewittert zu werden. Nach einigen Stunden beschloss er, die Quebrada zu verlassen und den Weg einzuschlagen, der nach Buena Vista führte. Gegen neun Uhr abends kam er an eine Kapelle. Dort machten gerade einige Leute aus Río Negro Rast. Er mischte sich unter sie. Eine halbe Stunde später kam Don Chilo angeritten und fragte die Leute nach dem Verbleib eines Jungen namens Lauriano.

Die Hunde hatten die Fährte gewittert, die mein Vater hinterlassen hatte. Der Herr war sehr wütend und fest entschlossen, meinen Vater mit dem Gewehr zu erschießen, das er bei sich trug. Die Hunde schnüffelten an der Stelle herum, wo sich die Leute hingesetzt hatten. Da Don Chilo sehr gewalttätig wirkte, beschlossen die Leute, meinen Vater zu verstecken. Bei Tagesanbruch konnte er sich einer Gruppe anschließen, die nach Río Negro wollte. Dort angekommen begab er sich zum Haus eines Verwandten, Nicolás Chen.

Mein Vater war zu diesem Zeitpunkt 13 Jahre alt und er erledigte Arbeiten jeglicher Art ohne Widerspruch. Doch er lebte nur sehr kurze Zeit bei Don Nicolás Chen, weil dieser ihn ebenfalls schlecht behandelte. Der Mann hatte viele Kinder und konnte nicht genug Nahrung für alle beschaffen. Er zwang meinen Vater, jeden Tag im Morgengrauen auf den Berg zu gehen, um Brennholz zu besorgen. Ob er Frühstück bekam, hing von der Menge Brennholz ab, die er mit nach Hause brachte. Um sich das Mittagessen und das Abendes-

---

[20] Eine Quebrada ist ein flaches breites Bachbett, das in der Trockenzeit von November bis April ausgetrocknet ist, während es in der Regenzeit von Mai bis Oktober Wasser führt.

sen zu verdienen, musste er Petates flechten. Don Nicolás hat ihn ausgebeutet.

Deshalb beschloss er, ein neues Leben im Hause von Don Victoriano Osorio zu beginnen. Mein Vater wollte diesem Herrn beweisen, dass er ein fleißiger Mensch war. Deshalb übernahm er, ohne dass ihn jemand darum gebeten hatte, die Aufgabe, Brennholz und Palmzweige für das Haus zu beschaffen.

Don Victoriano begann, meinen Vater gern zu haben, nicht nur weil er ihm bei der Arbeit half, sondern auch, weil er seine Zuneigung erwiderte. Don Victoriano sorgte sich um ihn wie um seinen eigenen Sohn.

Don Nicolás seinerseits wollte das Sorgerecht für meinen Vater wieder erlangen. In Wahrheit wollte er nur die Arbeitskraft, die er verloren hatte, wieder zurückbekommen. Er schaffte es, meinen Vater davon zu überzeugen, in sein Haus zurückzukehren. Nach wenigen Tagen stellte mein Vater fest, dass die Familie in den gleichen ärmlichen Bedingungen lebte. Er bereute sehr, das Haus des Herrn Victoriano verlassen zu haben, denn dort war ihm ein gutes Leben ermöglicht worden.

Mit 17 Jahren fing mein Vater an, eine Ehefrau zu suchen. Er wollte eine eigene Familie haben und unabhängig sein. Eines Tages beschloss er, an der Südküste zu arbeiten, wo sie 25 Centavos pro Arbeitstag bezahlten.

Dort arbeitete er einen Monat lang und kehrte dann nach Río Negro in das Haus von Don Nicolás zurück. Er war sehr zufrieden, weil er nun Kleider für die junge Frau kaufen konnte, die seine Ehefrau werden würde. Noch wusste er nicht, wer die Frau seiner Träume sein würde, aber er hatte fest vor zu heiraten.

Die Familie von Don Nicolás wollte meinen Vater mit einem Mädchen verheiraten, das er mal gesehen hatte. Mein Vater wies den Plan von Don Nicolás jedoch zurück und beschloss, das Haus zu verlassen. Der Herr reagierte gewalttätig und nahm meinem Vater alle Kleider weg, die er für seine zukünftige Frau gekauft hatte. Don Nicolás Chen sagte zu ihm:

> *Du musst mir diese Kleider da lassen, als Ausgleich für die Belastung, die du für meine Frau warst, denn sie hat sich um dich gekümmert und dir was zu essen gegeben.*

Mein Vater verließ das Haus mit Tränen in den Augen. Er suchte Zuflucht bei Don Victoriano und bat ihn, wieder in seinem Haus wohnen zu dürfen. Der Herr nahm ihn mit Freuden auf.

Das Leben bei Don Victoriano war gut. Es gab nicht zuviel Arbeit und genug zu essen. Die Mahlzeiten waren sogar abwechslungsreich. Hier verliebte sich mein Vater in die Schwester von Paulina Chen, der Ehefrau Don Victorianos. Mein Vater war noch minderjährig und kannte den Brauch der Pedida[21] nicht. Herr Victoriano stand ihm bei: Er versprach ihm, dass er ihm helfen würde, um die Hand des Mädchens anzuhalten. Die Schwiegereltern meines Vaters hießen Jorge Sánchez Ixpatá und Juana Chen. Der Schwiegervater von Don Victoriano und zukünftige Schwiegervater meines Vaters, war damals sehr launisch. Mal behandelte er die Leute gut und mal behandelte er sie schlecht. An dem Tag, als mein Vater mit Don Vic-

---

[21] Pedida: indigener Brauch, einer Frau einen Heiratsantrag zu machen.

toriano zu Besuch kam, um um die Hand seiner Tochter Martina anzuhalten, wurden sie von Doña Juana empfangen, seiner zukünftigen Schwiegermutter. Sie unterhielten sich miteinander. Dann musste mein Vater einen Monat auf die Antwort warten. Schließlich gab sie ihr Einverständnis zur Hochzeit. Meine Mutter, Martina Osorio Chen, nahm meinen Vater Lauriano Tecú als ihren zukünftigen E-hemann an. Das machte meinen Vater sehr glücklich.

Der erste Nachname meiner Mutter lässt sich darauf zurückführen, dass mein Großvater sie nicht als sein Kind anerkannt hatte. An seiner Stelle hatte Damián Osorio seinen Namen in die Geburtsurkunde eingesetzt.

Als die Jugendlichen aus dem Dorf erfuhren, dass meine Mutter mit meinem Vater verlobt war, fingen sie an, ihn zu ärgern. Sie wollten ihn provozieren, damit er ihnen einen Grund gäbe, um ihn zu verprügeln. Meine Mutter war eine sehr elegante und tadellose junge Dame, sehr attraktiv für die meisten jungen Männer. Alle warben um sie. Um weitere Probleme zu vermeiden, beschlossen meine Eltern zusammenzuziehen. Zwei Monate nachdem sie zusammengezogen waren, heirateten sie. Von da an lebte mein Vater im Haus meiner Mutter.

Meine Großmutter war sehr froh darüber, dass es jetzt einen Mann im Haus gab. Mein Vater übernahm es, Lebensmittel zu besorgen, Holz zu holen, Palmzweige abzuschneiden und andere Arbeiten zu erledigen.

Juana Chen sah, dass mein Vater viel arbeitete, und dies gefiel ihr, weil sich zeigte, dass er ein guter Mann war. Sie kamen gut miteinander aus. Das einzige Problem im Haus stellte ihr Ehemann Jorge Sánchez Ixpatá dar, denn der behandelte meinen Vater manchmal gut, manchmal aber auch schlecht.

Das brachte meinen Vater zur Verzweiflung. Er beschloss, das Haus seiner Schwiegereltern zu verlassen, um im Hause Don Victorianos zu leben. Dort lebte er mit meiner Mutter viele Jahre lang.

Kapitel 3

Meine Kindheit

Als meine Familie in Río Negro lebte

Als ich geboren wurde
legten sie mir zwei Tränen
in die Augen,
damit ich die Größe des Schmerzes
meines Volkes sehen könnte.

Zwei Tränen
Humberto Ak'abal

Meine Kindheit in Río Negro

Ich werde euch etwas über meine Kindheit erzählen. So sah meine Familie aus, als wir 1976 in Río Negro lebten: Meine Eltern hießen Lauriano Tecú und Martina Osorio Chen. Sie hatten acht Kinder, drei Mädchen und fünf Jungen. Die Mädchen hießen Juana, Laura und Gregoria, die Jungen Ascensión, Jesús, Marcelo, Anastasio und Jaime - alle mit dem Nachnamen Tecú Osorio. Ich wurde als fünfter der Familie geboren. Gregoria und Ascensión wurden krank und starben früh, weil es keine Gesundheitsstation gab.

Den Erzählungen meiner Schwester Laura zufolge behandelte meine Mutter die Mädchen nach dem Tod von Ascensión schlecht. Sie glaubte, dass der Tod meines Bruders auf eine Fahrlässigkeit meiner Schwestern zurückzuführen sei.

Ich wurde am 1. November 1971 geboren. Meine Eltern liebten mich sehr, weil ich nach dem Tod Ascensións zunächst der einzige Junge war. Meine Mutter sorgte dafür, dass ich nie zu schreien brauchte. Sie beauftragte meine Schwestern, auf mich aufzupassen. Wenn sie mich dennoch mal schreien hörte, schimpfte sie sofort mit meinen Schwestern. So trugen sie mich in einem Tragetuch mit sich herum, um zu vermeiden, dass ich anfing zu schreien.

Es ist unglaublich, aber ich erinnere mich genau an manche Dinge, die ich in meiner Kindheit gemacht habe. Im Alter von fünf Jahren begleitete ich meine Eltern zu den religiösen Zeremonien in eine der Kapellen und zu den Totenwachen. Ich blieb meist nicht lange wach und schlief auf den Beinen meines Vaters ein. Wenn ich aufwachte, befand ich mich auf dem Rücken meines Vaters wieder auf dem Weg nach Hause oder ich wachte erst am nächsten Tag auf. Diese angenehme Erfahrung machte ich viele Male.

Ich verbrachte eine wunderschöne Zeit beim Spielen mit meinem kleinen Bruder Marcelo und mit den anderen Kindern in der Nachbarschaft. Wenn meine Mama bemerkte, dass ich nicht im Haus war, schickte sie sofort meine Schwestern Juana, Laura und Gregoria los, um mich unter den Kindern des Dorfes zu suchen. Doch weil ich soviel Spaß daran hatte, mit meinen kleinen Freunden zu spielen, fällte meine Mutter eine Entscheidung: Um weitere Ausreißversuche aus dem Haus zu vermeiden, fing sie an, mir eine Arbeit beizubringen: Petates flechten. Allerdings war dies nicht als Bestrafung gedacht. Meine Mutter wollte mich lediglich bei sich zuhause haben.

In diesem Alter bemerkte ich bereits, wie meine Schwestern gemeinsam mit meinen Eltern um den Lebensunterhalt der Familie kämpften. Mein Bruder und ich waren noch zu klein - wir wussten nichts von den Gefahren und noch viel weniger vom Arbeiten.

Meine Eltern und auch meine Schwestern ertrugen viel, um uns großzuziehen. Das Leben unserer Familie war voller Leiden und Armut. Meine Mutter befahl meinen Schwestern Petates zu flechten. Sie versuchten ihre Arbeit aufzulockern und sie nicht langweilig und ermüdend zu finden. Deshalb versammelten sie ihre Freundinnen vor dem Haus, um die Arbeit dort gemeinsam zu machen. Manchmal schafften sie bis zu zwei Petates pro Tag. Ihr Leben war schwer, während das von Marcelo und mir lustig war. Wir beide widmeten uns der Aufgabe der Kinder: dem Spielen.

Wir spielten mit Kreiseln, Macheten, Steinen, Stöcken usw. Meine Mutter ärgerte sich über mich, wenn ich ihr nicht gehorchte. Sie versuchte mich zu schlagen, aber ich verließ rennend das Haus.

Ich war sieben Jahre alt, als meine Schwester Juana beschloss zu heiraten. Ihr Fortgang aus dem Haus erschwerte uns allen das Leben. Sie hatte mit ihrer Arbeitskraft zum Lebensunterhalt der Familie beigetragen – nun begann bei uns die Nahrung knapp zu werden.

Meine Mutter gab mir nach und nach kleinere Aufgaben zu erledigen. Ich musste auf mein Brüderchen aufpassen, während die anderen ohne Unterbrechung Petates flochten. Manchmal riss ich aus dem Haus aus und ging an den Fluss, um mit den anderen Jungen zu spielen.

Marcelo war noch klein, als Anastasio geboren wurde. In der Familie waren wir nun drei Jungen. Manchmal scherzte meine Mutter mit mir und sagte:

> *Jetzt ist noch einer geboren, der nicht auf mich hören wird.*

Mein Vater war glücklich mit mir. Ich war sehr kindlich, aber das war meinem Vater egal.

Laura, meine zweitälteste Schwester, heiratete zwei Jahre nach der Hochzeit von Juana. Dieses Ereignis erschwerte uns wiederum das Leben, weil nur noch wir drei Jungen und ein Mädchen, Gregoria, übrig blieben.

Wir waren alle noch Kinder und noch nicht bereit zum Arbeiten. Meine Mutter jedoch hatte nicht genug Zeit für das Flechten von Petates, weil sie gleichzeitig auf Anastasio aufpassen musste. Und die Hilfe meiner Schwester Gregoria alleine reichte nicht aus. Sie musste die Wäsche der gesamten Familie mit der Hand waschen.

Ich bemerkte, dass es nicht fair war, dass Gregoria die komplette Hausarbeit erledigte. So fing ich an, bei kleineren Arbeiten mitzuhelfen. Wenn ich mich mit meinem Bruder stritt, schlug mich meine Mutter mit dem Palmzweig, den sie zum Petateflechten benutzte, was mir allerdings nicht weh tat, denn Palmzweige sind aus leichtem Material. So erzog sie mich.

Nach einigen Jahren beschloss meine Familie, zur Südküste aufzubrechen. Es war das erste Mal, dass ich irgendwohin fuhr. Wir schlossen uns einer Cuadrilla an, die zur Plantage Irlanda bei Tiquisate im Departement Escuintla unterwegs war. Eine Cuadrilla ist eine Gruppe von Personen, die im Lastwagen zu den Plantagen der Südküste zum Arbeiten fährt. Der Arbeitsvertrag dauerte einen Monat. Am ersten Arbeitstag mussten wir uns um fünf Uhr morgens im Büro des Großgrundbesitzers melden.

Dort nahmen wir unsere grob gewebten Säcke und die Anweisungen des Verwalters entgegen. Dieser Herr sagte meinen Eltern:

> *Wenn jemand die Säcke verliert oder seinen Arbeitsvertrag nicht erfüllt, ziehen wir ihm von seinem Gehalt den Preis für die Säcke und das Essen ab.*

Auf dem Großgrundbesitz gab es Holzschuppen, in denen unsere Familie während der dreißig Tage hauste. Wir standen um vier

Uhr morgens auf, um pünktlich bei der Arbeit zu sein. Es waren harte, arbeitsreiche Tage. Ich stritt mich jedes Mal mit meinen Eltern, wenn sie mich aufweckten, weil ich im Schuppen bleiben wollte. Natürlich erlaubten mir meine Eltern nicht, dort zu bleiben, weil es niemanden gab, der auf mich aufpasste.

Während der Arbeit ruhte sich meine Mutter nur aus, wenn sie meinem Bruder die Brust gab. Mein Vater und meine Schwester arbeiteten hart, um viel Baumwolle zu ernten.

In diesen dreißig Tagen war ich dazu verpflichtet, auf meinen Bruder aufzupassen, was mich ziemlich langweilte. Manchmal ließ ich ihn allein. Wenn ich zurückkam, fand ich ihn dabei, wie er Erde und die grünen Blätter der Baumwollpflanze aß. Das machte meine Mutter wütend und sie schlug mich dafür.

Manche Tage waren unerträglich. Die Hitze quälte uns. Mein Bruder und ich weinten. Die Plantage, auf der meine Eltern arbeiteten, glich einer Wüste.

Meine Familie verließ die Arbeit gegen vier Uhr nachmittags. Obwohl wir müde waren, mussten wir die Baumwolle noch zum Büro tragen. Mein Vater und meine Schwester kümmerten sich um die Baumwollsäcke, meine Mutter kümmerte sich um uns. Wir mussten über eine Stunde laufen und meine Schwester fing an zu weinen, wenn sie die Last nicht mehr tragen konnte. Doch sie musste die Säcke weiter schleppen, weil meine Eltern ihr nicht helfen konnten.

Der Mann, der für das Wiegen der Baumwolle zuständig war, trug in der Gehaltsliste ein, wie viele Pfund meine Familie geerntet hatte. Er schrieb auf, wie viel am Tag verdient worden war. Nach dem Wiegen der Baumwolle mussten sie die Wolle auf einen Karren schütten und dabei die Säcke vollständig entleeren, damit sie am nächsten Tag wieder benutzen werden konnten. Mein Vater half meiner Schwester dabei, ihre Säcke in den Karren zu entleeren.

Während mein Vater und meine Schwester beim Wiegen der Baumwolle blieben, ging meine Mutter mit uns in den Holzschuppen, wo wir uns ausruhen konnten. Doch für sie gab es kein Ausruhen. Sie musste das Essen für die Familie zubereiten. Die Mahlzeiten mussten früh genug zubereitet werden, weil mein Vater und meine Schwester gegen sechs oder sieben Uhr abends zurückkamen. So war es jeden Tag.

An der Stelle, wo die Baumwolle gewogen wurde, gab es Hunderte von Arbeitern, die darauf warteten, dass sie an die Reihe kamen, um ihre Ernte wiegen zu lassen. Mit den achtzig oder neunzig Pfund, die mein Vater und meine Schwester pro Tag pflückten, war der Ertrag der Baumwollernte für uns nicht übermäßig. Damals wurde ein halber Centavo pro Pfund geernteter Baumwolle gezahlt. Wenn ein Arbeiter einhundert Pfund pflückte, dann verdiente er fünfzig Centavos am Tag.

Das Essen, das man uns gab, war sehr schlecht. Es gab Tortillas[22] mit Frijoles, die häufig nicht gut zubereitet waren. Wenn wir auf dem Baumwollfeld waren, nahmen wir nur Wasser aus dem Fluss zu uns. Meine Mutter nahm Kaffee für das Baby mit.[23] Sie wollte nicht, dass mein Bruder krank wurde. Es waren dreißig Tage voller Leiden.

---

[22] Tortilla: Fladen aus Maismasse. V. a. in armen Regionen Hauptbestandteil jeder Malzeit.
[23] Der Kaffee, den die Indígenas zubereiten, besteht eigentlich mehr aus Wasser und Zucker als aus Kaffee.

Wir durchlebten große Not. Ich wollte Brot und Fleisch essen oder eine Limo zu mir nehmen, aber meine Eltern hatten nicht einen Centavo übrig, nicht einmal um das Essen, das uns gegeben wurde, ein wenig aufzubessern. An diesen dreißig Arbeitstagen verdiente jeder 15 Quetzales.

Mein Vater entschied eines Tages, nicht sofort nach Río Negro oder Panima' zurückzukehren. Er wechselte die Arbeitstelle, denn was er auf der Plantage Irlanda verdient hatte, reichte nicht aus, um zu kaufen, was wir für unseren Haushalt brauchten. Wir gingen zur Plantage Petén, die im gleichen Bezirk liegt. Dort arbeitete meine Familie weitere dreißig Tage. Es war dieselbe Arbeit: Baumwolle schneiden. Auf dieser zweiten Plantage wurde meine Mutter krank. Sie bekam Bauchschmerzen und lag über zehn Tage im Bett. Das Geld, das sie bei der vorigen Arbeit verdient hatten, mussten sie nun für Medikamente ausgeben. Mein Vater und meine Schwester hätten sie gerne gepflegt, konnten es aber nicht. Wenn sie bei der Arbeit fehlten, mussten sie das Essen bezahlen. Also nahm ich mich ihrer an. Ich fing an zu weinen, wenn ich meine kranke Mutter ansah, und dachte, dass sie jeden Moment sterben würde. Sie erholte sich jedoch Stück für Stück und begann schließlich wieder zu arbeiten.

Nach zwei Arbeitsmonaten war meine Familie unterernährt, da auf den Plantagen viel gearbeitet und schlecht gegessen wurde. Das ist die Art von Demokratie, in die ich hineingeboren wurde. Wir, die Armen und Nachkommen der Maya, können unsere Kindheit nicht genießen.

Wir lernen von klein auf zu arbeiten. Wir verdienen uns den Lebensunterhalt hart. Das Land, auf dem mein Vater aussäte, war nicht fruchtbar. Es brachte nur wenig Mais ein und deshalb mussten wir jedes Jahr auf die Plantagen der Südküste ziehen. Zu dieser Zeit war ich sieben Jahre alt.

Mein Leben wurde noch härter, als meine Schwester Gregoria starb. Ich nahm jetzt einen wichtigen Rang in der Familie ein, weil ich der erste Junge war. Ich war der Älteste der Jungen. Ich fühlte mich verpflichtet, meinem Vater dabei zu helfen, Unkraut auf dem Maisfeld zu jäten, Holz vom Berg zu holen und andere kleinere Arbeiten zu verrichten. Doch er wollte meine Hilfe nicht. Er sagte, dass ich ihn erst unterstützen müsse, wenn ich älter als 15 sei.

An der Seite meiner Eltern verblieben nur wir Jungen. Meine Mutter schickte mich zum Petateflechten zu anderen Frauen ins Haus. Manchmal arbeitete ich auch mit ihr zusammen. In den Nachmittagsstunden musste ich ihr eine Petate abliefern. Meine Mutter übernahm es, sie an den Laden zu verkaufen und danach mit dem Geld, das sie erhielt, Mais zu besorgen. Wenn wir zwei Petates pro Tag fertig stellten, versuchte sie diese für 25 Centavos das Stück zu verkaufen. Manchmal zahlten sie ihr den Preis, manchmal verkaufte sie die Petates billiger. Das war schlecht für uns, weil das Geld dann nicht für den Mais reichte. Wenn dies geschah, kaufte meine Mutter ein Pfund Reis, der billiger war, damit wir etwas zu essen hatten. Sie machte Atol[24] und fügte ihm Panela[25] zum Süßen bei, damit kamen wir den Tag über aus.

Zu dieser Zeit wurde mir das Leid meines Vaters bewusst. Wir waren daran schuld, dass mein Vater viel arbeiten musste. Diese harte Wahrheit brachte mich zum Nachdenken. Ich wollte erwachsen

---

[24] Atol ist ein zähflüssiges heißes Getränk, das aus verschiedenen Grundzutaten, meistens jedoch aus Mais, hergestellt wird.
[25] Panela ist aus dem Saft des Zuckerrohrs hergestellter brauner Rohzucker.

werden, um meiner Familie helfen und unsere Not lindern zu können. Leider sollten mein Vater und meine Mutter das nicht mehr miterleben.

Mein Dorf Río Negro befand sich am Rand eines sehr großen Flusses, einem der größten Guatemalas, dem Fluss Chixoy[26]. Dort kann man sehr gut fischen. Mein Vater konnte nicht schwimmen. Ich war der einzige von meinen Brüdern, der sich traute, den Fluss zu durchschwimmen, und der dabei nicht Gefahr lief zu ertrinken.

Mehrere Male traf ich mich am Fluss mit dem Ehemann einer meiner Schwestern. Er fischte mit der Atarraya[27]. Manchmal bat er mich, ihm zu helfen, und bot mir dafür an, einen Teil dessen, was wir fingen, nach Hause zu meiner Familie mitzunehmen. Darüber freute sich meine Mutter sehr. An den Fluss zu gehen war lustig und gleichzeitig konnte ich etwas Essbares mit nach Hause bringen.

1980 fand mein Vater Arbeit beim staatlichen Elektrizitätsinstitut, der INDE.[28] Mit seinem Gehalt konnte er die Ausgaben der Familie decken und die wichtigsten Grundnahrungsmittel kaufen. Das Einkommen meines Vaters erlaubte es mir, auszuruhen und mit meinen Brüdern und meinen Freunden zu spielen. Manchmal half ich meiner Mutter dabei, Wasser zu holen und auf den Berg zu gehen, wo sie Brennholz und Palmzweige sammelte.

---

[26] Von den Bewohnern wurde der Fluss meist río Negro, schwarzer Fluss, genannt.

[27] Atarraya: rundes Netz zum Fischen in flachen Flüssen und Fischgründen.

[28] Das *Instituto Nacional de Electrificación* (INDE) ist der staatliche Stromproduzent Guatemalas. Seit seiner Gründung 1959 hat die INDE u. a. mehrere Staudämme und Wasserkraftwerke in Guatemala gebaut; der Staudamm von Río Chixoy ist bis heute das größte derartige Projekt in Guatemala geblieben.

Als gerade alles einen guten Weg einschlug und unser Leben sich zu verbessern schien, fingen die Gewalttätigkeiten an. In einigen Dörfern, die nahe bei Rabinal lagen, wurden mehrere Männer entführt und ermordet. Mein Vater sagte:

Hoffentlich wird es hier in Río Negro solche Kämpfe nicht geben!

Der Wunsch meines Vaters erfüllte sich nicht. Wenige Monate später begannen die Auseinandersetzungen zwischen der Gemeinde Río Negro und der guatemaltekischen Armee. Den Militärs reichten zwei Jahre, um fast die gesamte Gemeinde Río Negro auszurotten.

Während meiner Kindheit hatte ich keine Gelegenheit, lesen oder schreiben zu lernen. Ich bekam keine Bildung, aber ich bekam die Zuneigung und Wärme meiner Eltern. Nie kam es mir in den Sinn, dass man sie mir eines Tages wegnehmen könnte. Nie hätte ich gedacht, dass ich Augenzeuge einer solch furchtbaren Geschichte werden würde.

Kapitel 4

Die Eindringlinge tauchen auf ...

Die INDE

Zwischen Steinen,
in Baumrinden,
in Sternennächten,
in Schluchten,
auf Wegen,
in Träumen,
im Wind,
im Wasser ...
suche ich irgendein Zeichen einer anderen Zeit,
etwas dass mich hinführt
zur verlorenen Stimme meiner Vorfahren.

Irgendein Zeichen
Humberto Ak'abal

Die Ankunft der INDE in der Gemeinde Río Negro

Mein Dorf Panima' war von dem Staudammprojekt Pueblo Viejo-Chixoy betroffen. Der Stausee richteten auf 40 Kilometern entlang des Flusses río Negro Schäden an. Das Ackerland von 150 Familien aus Río Negro, die entlang des Flussufers lebten, wurde überschwemmt.

Zwischen 1977 und 1978 informierte das staatliche Elektrizitätsinstitut, die INDE, die Dorfgemeinschaft von Río Negro darüber, dass sie in das Gebiet von Rabinal umgesiedelt werden würden. Sie versprach 150 Unterkünfte zu bauen sowie Weideland und Ackerland zu kaufen. Die Betroffenen würden die Felder, die ihre überschwemmten Äcker ersetzen sollten, selbst aussuchen können. Die INDE versprach auch, die Menschen zu entschädigen, die ihre Ernte verlieren würden.

Die INDE unterstützte die Bewohner von Río Negro, indem sie ihnen anbot, sie beim Bau des Staudamms als Arbeiter zu beschäftigen. Sie verfolgte mit diesem Angebot strategische Ziele: Es würde ihnen bei der Umsiedlung der Menschen helfen und die Leute würden sich durch die Arbeit, die ihnen angeboten wurde, auch noch begünstigt fühlen. Sie konnten jedoch nicht alle überzeugen. Einige waren einverstanden und verbündeten sich mit der INDE, andere widersetzten sich und weigerten sich ihr Land zu räumen.

Während dies geschah, hatten ausländische Firmen bereits mit der Arbeit angefangen. Diese Firmen, die von der Regierung mit dem

Bau der Talsperre beauftragt worden waren, beuteten die indigenen[29] Arbeiter aus: Sie zahlten ihnen 2,66 Quetzales pro Tag. Innerhalb von 14 Tagen erhielten sie 40 Quetzales. Sie arbeiteten von sechs Uhr morgens bis sechs Uhr abends. Ihr Arbeitstag dauerte zwölf Stunden, die Bezahlung entsprach also etwa 22 Centavos pro Arbeitsstunde.

Diese Ausbeutung billiger Arbeitskräfte ebnete dem Ejército Guerrillo de los Pobres (EGP, dt. Guerilla-Armee der Armen)[30] den Weg. Diese Gruppierung ist so vorgegangen, dass sie die Bevölkerung zuerst für die vorherrschenden gesellschaftlichen Probleme

---

[29] Indigen (lat.) heißt soviel wie eingeboren, einheimisch. Etwa 65% der guatemaltekischen Bevölkerung, gehören den 21 verschiedenen Maya-Sprachgruppen (in Rabinal vorherrschend: Maya-Achí) oder der kleinen Gruppe der Xinca an, und gelten somit als indigen. Die ethnischen Gruppen bezeichnen sich selbst als Indígenas, als Maya oder nach der jeweiligen Ethnie (Bsp: Soy Achí – Ich bin Achí). Der Ausdruck Indio oder gar Indianer gilt als herablassend.

[30] Das EGP (Ejercito Guerrillero de los Pobres) war eine der drei Guerilla-Bewegungen, die in Guatemala operierten, um die gesellschaftlichen Missstände durch einen bewaffneten Befreiungskampf zu überwinden. Von 1978 an übernahm die Guerilla das Konzept des „revolutionären Volkskrieges" und es gelang ihr, sich eine starke soziale Basis zu schaffen. Die Guerilla-Führer gingen nach 1980 von der falschen Annahme aus, eine Machtübernahme stehe unmittelbar bevor. Ende 1981 verfügte die Guerilla über eine Basis von schätzungsweise 276.000 Unterstützern und operierte mit etwa 6.000 bewaffneten Kämpfern in 16 von insgesamt 22 Departements, einige Gebiete im Departement Quiché wurden zur „befreiten Zone" erklärt. Als die Armee jedoch ihre Gegenoffensive startete, gab es zwischen den verschiedenen Guerillaorganisationen, die das taktische Konzept der EGP nicht mittrugen, keinerlei Koordination. Die Armee konzentrierte ihre Truppen nacheinander auf die verschiedenen Guerillafronten, und die EGP war nicht in der Lage, darauf eine schlüssige Antwort zu finden. Daher war es für die Armee im Grunde ein leichtes, die Bewegung zu zerschlagen. Die EGP musste sich in der Folge auf Einzelaktionen wie Entführungen, Sabotageakte, Besetzungen von Rathäusern etc. beschränken.

sensibilisiert und sie dann organisiert hat. In dieser Organisation bildeten sich drei Gruppen heraus: die unregelmäßig operierenden lokalen Streitkräfte FIL (Fuerzas Irregulares Locales)[31], die Regionalleitung DR (Dirección Regional) und das lokale Untergrundkomitee CCL (Comité Clandestino Local)[32].

Das EGP wies die Bewohner darauf hin, dass sie von der INDE entschädigt werden müssten, und zwar bevor sie ihr Land verließen. Die Entschädigungsleistungen sollten den Bau menschenwürdiger Wohnungen, den Kauf von Weideland und Ackerflächen einschließen. Außerdem ermutigte das EPG diejenigen, die bei den Baufirmen arbeiteten, ein angemessenes Gehalt zu fordern.

Die erste Aktion des EGP, mit der sie sich im Gebiet des INDE-Staudammprojekts bekannt machen wollte, bestand darin, die Felsen, die sich an den Wegrändern befanden, anzumalen. Damit sollten die Firmen davor gewarnt werden, mit der Ausbeutung der Indígenas fortzufahren. Das EGP machte auch die Leitung der INDE auf sich aufmerksam. Die Ingenieure, die am Staubecken arbeiteten, waren ehemalige Soldaten. Einer von ihnen äußerte:

Verdammt, Leute, diese Scheiße [EGP] hat sich bereits unter die Dorfbevölkerung gemischt.

Die Aktionen der EGP führten in dem Dorf Río Negro zu Schwierigkeiten: Zum Beispiel informierte das EGP die Leute dar-

---

[31] Die unregelmäßig operierenden Streitkräfte waren Gruppen innerhalb der Guerilla, die nur ab und zu in unregelmäßigen Abständen aktiv wurden.

[32] Das „Lokale Untergrundkomitee" bestand aus Dorfbewohnern, die zur Guerilla gehörten, heimlich Aufklärungsarbeit leisteten und Sympathisanten anwarben.

über, dass die Mitglieder des Dorfkomitees von Río Negro, die mehrheitlich Militärkommissare waren, von der INDE Vergünstigungen dafür bekamen, wenn sie die anderen davon überzeugten, ihren Grund und Boden aufzugeben.

Die Dorfbewohner und die Leiter des EGP begannen, diese Mitglieder des Dorfkomitees ernsthaft zu bedrohen. Ein Mitglied des Komitees, das gleichzeitig Militärkommissar war, musste sofort das Dorf verlassen, sonst wäre er von den Bewohnern gelyncht worden.

Mehrere Menschen beschlossen aufgrund der Ereignisse in Río Negro, in das Stadtzentrum von Rabinal abzuwandern. Sie bewarben sich bei der INDE, die zu dieser Zeit Wohnungen in Pacux baute, um Arbeit.

Das erste Dorf, dessen Bewohner von der INDE vertrieben und umgesiedelt werden sollten, war Río Negro. Die neue Heimat der Bewohner sollte die Siedlung Pacux bei Rabinal werden. Die Dorfgemeinschaft leistete heftigen Widerstand und äußerte ihre Unzufriedenheit mit der INDE. Die Menschen gaben zu verstehen, dass sie niemals ihr Dorf verlassen würden. Die Alten sagten:

> *Wenn wir hier geboren wurden, dann müssen wir hier auch sterben.*

Dies schadete dem Verhältnis zwischen der Gemeinde und der INDE und mit der Zeit verstärkten sich die Spannungen.

Der Umsiedlungsplan der INDE für Río Negro löste in der Dorfgemeinschaft starke Auseinandersetzungen aus.

Die Beziehungen zwischen den Einwohnern waren nun nicht mehr dieselben. Es gab Spaltung, Misstrauen und sogar Drohungen.

Die Campesinos glaubten nicht, dass der Mensch dazu fähig ist, ein solch gigantisches Werk wie das Wasserkraftwerk von Chixoy zu bauen.

Die INDE setzte die Bauarbeiten am Staubecken jedoch fort und übte weiterhin Druck auf die Dorfgemeinschaft von Río Negro aus, besonders auf die Leute vom Dorfkomitee, die Land für die Wiederansiedlung suchen sollten.

Trotz des Widerstands der Campesinos holte das staatliche Elektrizitätsinstitut Ingenieure heran, die das Land vermaßen, das der Stausee einnehmen würde. Die Dorfbewohner begannen, sich in der nationalen Landarbeiterbewegung CUC[33], in der EGP und in der lokalen Campesino-Organisation Huella del Varón, Rabinal Achí[34] massiv zu organisieren.

---

[33] Gegründet wurde die CUC (Comité de Unidad Campesina) 1978 von Campesinos, die - vor allem in Basisgemeinden und Alphabetisierungskursen - zur Erkenntnis gelangt waren, dass die Wurzeln ihrer Armut nicht in ihrer "Rückständigkeit", sondern in der ungerechten Landverteilung und den politischen Machtverhältnissen lagen. Seitdem kämpfen in dieser Organisation Indígenas und landlose Ladinos gemeinsam für ihre Rechte. Zentrale Forderungen des CUC waren die Einführung von Mindestlöhnen und von Arbeits- und Sozialstandards für Landarbeiter/innen, insbesondere für die Tagelöhner/innen und Mozos Colonos der Plantagen im Süden. Namhaftes Mitglied des CUC ist die Friedensnobelpreisträgerin Rigoberta Menchú (vgl. cuc.mundoweb.org).
[34] Die „Spuren des Menschen" (Huella del Varón, Rabinal Achi) sind eine Organisation von Indígenas mit lokalem Schwerpunkt in Rabinal, die an der Gründung des landesweit aktiven Comité de Unidad Campesina (CUC) beteiligt waren; hier liegen die Ursprünge der Handels- und Produktionskooperative von Río Negro.

Der Einfluss dieser Gruppen begann das Dorf zu spalten. Ein Teil der Bewohner wollte die alte Heimat verlassen, weil sie mit der INDE zu einer Übereinkunft gekommen waren. Der andere Teil blieb standhaft dabei, dass sie ihren Besitz, den ihnen ihre Vorfahren überlassen hatten, nicht räumen würden. Sie sagten:

Nur tot würden wir unsere Heimat verlassen.

Die INDE antwortete:

Wir wissen, dass ihr eure Häuser jetzt nicht verlassen wollt, aber es wird der Tag kommen, an dem ihr sie verlassen müsst, weil eure Felder und Häuser sich unter dem Wasserspiegel befinden werden. Wenn ihr euer Eigentum nicht aufgebt, werdet ihr mit ihm ertrinken.

Eine Zeit lang verschlimmerte sich der Konflikt nicht weiter. Die Beziehung zwischen der INDE und Río Negro hatte sich normalisiert. Achtzig Prozent der Bevölkerung war damit einverstanden, neue Ländereien in der Nähe von Rabinal zu suchen. Neue Häuser wollte man an einer Stelle oberhalb des alten Río Negro bauen, oberhalb des Wasserspiegels, wo sie das Projekt nicht stören würden.

Der erste Vorschlag der INDE war, ein staatliches Landgut namens Primavera zu kaufen. Dieses Landgut befand sich bei San Cristóbal Verapaz, war aber für den Ackerbau nicht gut geeignet. Die Campesinos lehnten den Vorschlag deshalb ab. Daraufhin nahm das Dorfkomitee von Río Negro Kontakt zu einer Person auf, die Informationen über den Verkauf eines Grundstückes in Vega de Santo Domingo hatte, einem Dorf im Kreis Rabinal. Die Dorfbewohner benannten eine Kommission, um die Qualität des Landes zu begutachten. Man kam überein, dass dieses Grundstück für den Bau der Wohnhäuser nicht groß genug war.

Am Tag der Besichtigung dieses Grundstück traf das Dorfkomitee einen Mann, der ihnen von einem Gelände in Pacux erzählte, in der Nähe des Stadtgebiets von Rabinal. Die Kommission besichtigte Pacux umgehend.

Die Begutachtung zeigte, dass das Gebiet für den Bau einer Siedlung geeignet und dass das Land darüber hinaus fruchtbar war. So teilte das Komitee der INDE mit, dass sie das Grundstück von Pacux nehmen würden.

Die INDE schickte unverzüglich ihre Ingenieure, diese vermaßen das Gemeinschaftsland und teilten es in Parzellen ein. Doch während die zukünftigen Eigentümer noch über die Art des Materials diskutierten, das man für den Bau der Häuser benutzen wollte, begann die INDE mit den Arbeiten, ohne eine endgültige Entscheidung der Betroffenen abzuwarten.

Unter den Arbeitern waren auch Leute aus Río Negro und aus Rabinal. Die INDE baute gleichzeitig in Pacux und in Río Negro. Im Dorf baute man Häuser, die den Wohnungen der Campesinos entsprachen. Die Gegner der Räumung (EGP, CUC und einige Angehörige der Familie Uscap) warteten ab, was in Río Negro geschehen würde.

Dann beschlossen sie, die acht mit Stroh gedeckten Häuser, die in Río Negro bereits gebaut und von der INDE finanziert worden waren, anzuzünden. Diese Aktion alarmierte den Führungsstab der

INDE. Sie beschlossen, die ganze Gemeinde zusammenzurufen und mit ihnen zu sprechen.

> *Bitte zündet keine Häuser an. Versucht friedlich mit uns (INDE) zu verhandeln. Denkt an eure Kinder und an eure Familien: Mit diesem Verhalten schafft Ihr für die Dorfgemeinschaft nur Probleme.*

Nach einiger Zeit bat das Dorfkomitee die INDE, dass die Betroffenen selbst ihre Wohnungen bauen dürften. Die INDE garantierte den Geschädigten die Zahlung von 8 x 14 Arbeitstagen, die Gemeinde verlangte jedoch die Zahlung von 15 x 14 Arbeitstagen. Diese Forderung wurde von der INDE angenommen und die Campesinos begannen ihre Wohnungen selber zu bauen. Durch Zahlungen der INDE erhielten die Familien von Río Negro ein regelmäßiges Einkommen. Alles lief gut, aber der andere Teil der Dorfbewohner, der darauf beharrte, seine Heimat nicht zu verlassen, musste noch überzeugt werden. Die Verhandlungen zwischen der INDE und Río Negro nahmen einige Male eine gefährliche Wendung an. Wenn die Parteien nicht zu einem Einverständnis gelangten, begannen sie sich zu beschimpfen. Die Vertreter der INDE sagten:

> *Wenn ihr dieses Land friedlich verlasst, dann würden wir uns darüber freuen. Wenn ihr es nicht tut, kann die Regierung all ihre Macht nutzen und euch mit diversen Methoden von eurem Land vertreiben.*

Viele Male nahmen die Campesinos einige Vertreter der INDE als Geiseln. Aber nicht nur gegenüber diesen wendeten Bewohner von Río Negro Gewalt an, sondern auch gegen ihre Mitbewohner.

Das Projekt des Wasserkraftwerkes von Chixoy hatte nicht nur Auswirkungen auf die Bevölkerung, sondern auch auf das Erbe der Maya-Kultur. Die INDE, unterstützt von einer Gruppe Archäologen, zerstörte Monumente unserer Maya-Vorfahren. Die Fundstücke, die sie in den archäologischen Stätten fanden, nahmen sie mit. Lange Zeit wusste man nichts von ihrem Verbleib. Bis heute gibt es Gerüchte, dass sie in einem Museum aufbewahrt werden.[35]

Bei der Zerstörung dieser heiligen Orte stellte man Leute aus Río Negro als Hilfsarbeiter an. Die Campesinos, die für die Archäologen arbeiteten, nahmen einige alten Fundstücke an sich. Der Koordinator der Archäologen hatte viel Ärger mit ihnen und sagte ihnen, dass sie die Fundstücke wieder zurückbringen müssten, sonst würde er sie festnehmen lassen. Diese Drohung erzürnte die Campesinos und sie drohten ihrerseits dem Koordinator, ihn davonzujagen. Die Archäologen bekamen Angst und beschlossen, ihre Arbeit abzubrechen.

Damals wurden zwei archäologische Stätten schwer beschädigt: Kawinal[36] und Los Encuentros[37]. Kawinal wurde von den Archäologen vollständig zerstört. In der Regenzeit bedeckt das Wasser des

---

[35] Die z. T. recht wertvollen Stücke aus Jade und Gold, auch ein aus Stein gehauener Jaguar, sollen sich im Magazin des Museo Nacional de Arqueologia y Etnologia in Guatemala-Stadt befinden.

[36] Kawinal (oder Cawinal/Cauinal geschrieben) war eine der bedeutendsten Maya-Stätten in der Umgebung: ein Pyramiden-Komplex, der von manchen in eine Reihe gestellt wird mit den archäologischen Stätten von Tikal, weshalb die Archäologen auch der INDE vorgeschlagen haben, die Ruinen zu retten und als Touristen-Magnet auszubauen. Dies ist an den Kosten gescheitert.

[37] An der heiligen Stätte von Los Encuentros fand bis zur Überschwemmung jährlich ein Maya-Ritual statt, an dem zahlreiche Bewohner aus Río Negro teilgenommen haben.

Flusses die Überreste dieses heiligen Ortes, in der Sommerzeit liegt er trocken und die Überreste sind dem Wetter ausgesetzt. Der heilige Ort Los Encuentros wurde nur teilweise zerstört, ihn traf anderes Schicksal: Seine Bauten wurden später gänzlich vom Wasser des Staudammes überflutet. Vor der Überschwemmung wurde an diesem Ort eine Gruppe von Leuten aus Río Negro ermordet, die sich auf der Flucht befand. Die Leichen wurden in die Löcher geworfen, die die Archäologen bei der Plünderung des heiligen Ortes hinterlassen hatten. Dieses geheime Massengrab wird nun von den Wassern des Staudamms bedeckt. Im weiteren Verlauf des Buches werde ich mehr über dieses Massaker erzählen.

Unsere Großeltern trauern den zerstörten heiligen Orten immer noch nach. Sie wünschen sich auch, dass die entwendeten Mayastücke an ihren Ursprung zurückkehren, damit man die alten Rituale der Maya wieder ausführen könne.

Die anderen Gemeinden, die vom Projekt der INDE betroffen waren, wie z.B. Chicruz[38], widersetzten sich der Umsiedlung nie, weil sie zu allem Ja und Amen sagten.

Währenddessen begann der Staat, Maßnahmen zur Bekämpfung von Aufständischen zu entwickeln und anzuwenden. Diese Politik kam denen zugute, die daran interessiert waren, einen Konflikt mit der Bevölkerung von Río Negro auszutragen: den Leuten der INDE. Als sie sahen, dass es eine Gruppe von Bewohnern gab, die ihr Land nicht verlassen wollten, wurden diese beschuldigt, Guerilleros zu

---

[38] Chicruz liegt zwar nur wenige Kilometer flussaufwärts von Río Negro, hier lebten aber kaum Maya-Nachkömmlinge, sondern vor allem Ladinos.

sein. Diese Beschuldigung hatte schwerwiegende Konsequenzen für das ganze Dorf.

Inzwischen hatte die CUC in verschiedenen Gemeinden wie z.B. in Xococ begonnen, die Menschen zu organisieren und sie im Rechtsstreit um ihr Land zu unterstützen, und auch die Guerilla-Armee der Armen warb unter der ländlichen Bevölkerung um Unterstützung.

Kapitel 5

Der Beginn des Völkermordes

Die Armee und die PAC

Wohin sollen wir gehen, warum sollen wir fliehen?
Wenn sich hier doch unsere Vorfahren
niedergelassen haben,
hier unsere Großeltern geboren wurden,
hier unsere Eltern geboren wurden,
hier wir geboren wurden und hier
unsere Kinder geboren werden;
dies ist unser Land,
warum woanders Zuflucht suchen?
Warum müssen wir herumziehen?

Die gelbe Blume der Gräber
Humberto Ak'abal

Der Beginn des Völkermordes in Río Negro

In den Morgenstunden des 4. März 1980 wurden zwei Einwohner von Río Negro verhaftet, weil sie beschuldigt wurden, Bohnen aus der Kantine der Arbeiter, die bei Pueblo Viejo am Bau des Staudamms Chixoy beschäftigt waren, gestohlen zu haben. Sie wurden mehrere Stunden gefoltert, und da sie die Schmerzen nicht aushielten, beschuldigten sie unschuldige Männer aus Río Negro der Mittäterschaft. Gegen zwei Uhr nachmittags kam eine aus zwei Soldaten und einem Mitglied der Ambulanten Militärpolizei bestehende Kommission in Río Negro an. Sie hatten die Aufgabe, die Personen, die am Bohnendiebstahl beteiligt gewesen sein sollten, festzunehmen, aber sie wussten nicht, wo diese zu finden waren.

Die Kommission fragte die Nachbarn, wo sie Julián Chen und Mariano Sic finden könnten. Die Nachbarn fragten nach dem Grund der Suche und die Agenten sagten:

> *Wir suchen sie, weil sie Bohnen in der Kantine der Arbeiter von Pueblo Viejo gestohlen haben.*

Die Leute verrieten die beiden Männer nicht. Die Agenten setzten ihre Suche im Haus der Verdächtigen fort, während sich die Nachricht in Río Negro herumsprach. Die Dorfbewohner versammelten sich, umzingelten die Agenten, nahmen sie gefangen und führten sie in die Kapelle.

Die Mitglieder des Dorfkomitees beriefen Kommissionen, die die Bewohner von Chitucán und Canchún herbeiholen sollten, damit gemeinsam eine Entscheidung über den weiteren Umgang mit den gefangenen Soldaten und dem Militärpolizisten gefällt werden konnte. Sie entschieden, die Gefangenen freizulassen, aber im Gegenzug sollten sie die beiden Dorfbewohner, die in Pueblo Viejo verhaftet worden waren, ebenfalls freilassen.

Die Dorfbewohner und die Agenten konnten sich nicht auf eine Freilassung der in Pueblo Viejo festgehaltenen Männer einigen. Gegen neun Uhr abends händigte schließlich der Militärpolizist der von den Dorfvorstehern ernannten Kommission die Schlüssel des Gefängnisses aus. Die Dorfkommission ging zum Militärposten von Pueblo Viejo.[39] Sie sprach mit den Wachen des Stützpunktes, damit sie ihnen den Ort zeigten, an dem sich die Gefangenen von Río Negro befanden. Auf Anweisung der Kommission ließen die Wachen die Gefangenen frei.

Leider verspätete sich die Kommission und kehrte nicht rechtzeitig nach Río Negro zurück. Gegen elf Uhr nachts kamen mehrere Männer aus Canchún nach Río Negro. Einer von ihnen, Justo Alvarado Ixpatá, war betrunken und prügelte auf den Militärpolizisten ein. Um sich zu verteidigen, feuerte der Polizist wahllos herum. Er verletzte zahllose Anwohner und tötete sieben Personen. Die Toten waren Mateo Uscap Chen, Francisco Tum Uscap, Máxima Chen Sánchez und Calixto Chen, alle aus Río Negro, sowie Justo Alvarado Ixpatá, Santos López Ixpatá und Mateo Ixpatá Jerónimo aus dem Dorf Canchún.

Die Bewohner reagierten mit Gewalt. Sie nahmen Steine, Stangen und Macheten. Als der Polizist die Reaktion der Campesinos sah, die bereit waren ihn totzuschlagen, flüchtete er aus der Kapelle

---

[39] Dort befand sich Militär, das den Bau des Staudammes sichern sollte.

und sprang in den Fluss. Einige Männer folgten dem fliehenden Polizisten und sprangen ebenfalls in den Fluss, um ihn einzuholen. Sie erreichten ihn, kämpften mit ihm im Wasser und nach einem harten Kampf starb der Polizist an den Folgen der erhaltenen Schläge. Die Männer, die ihn umgebracht hatten, holten ihn aus dem Wasser, steckten ihn in einen Sack und versenkten ihn im Wasser des Río Negro.

Zeitungsartikel zum Zwischenfall vom 4. März in Río Negro
(aus: El Impacto vom 8. März 1980)

Nach einigen Tagen löste die Flussströmung das Seil, mit dem der Sack befestigt war, und die Leiche tauchte an der Wasseroberfläche auf, und zwar an der Stelle, an der sich heute der Staudamm von Pueblo Viejo befindet. Manche hatten Angst wegen dem, was in der Kapelle und am Fluss geschehen war.

Einer der Anwesenden beschloss, den Tatort zu verlassen und den Fluss zu überqueren. Als er ins Wasser sprang, fühlte er, dass sich etwas um seinen Fuß gewickelt hatte. Er zog an dem Band und bemerkte, dass es das Gewehr des toten Polizisten war. Der Mann nahm die Waffe an sich und versteckte sie.

Die beiden Soldaten in der Kapelle hatten versucht, der Menge zu entkommen. Sie warfen ihre Waffen fort und liefen davon. Einer von ihnen wurde von den Bewohnern eingefangen und so geschlagen, dass er Schädelbrüche davontrug. Dem anderen Soldaten gelang es zu entkommen. Am folgenden Tag, dem 5. März, wurde der verletzte Soldat von den Campesinos freigelassen. Die Waffen der Soldaten teilten die Anwesenden unter sich auf.

Die Leute aus Canchún nahmen sich ein Galil-Sturmgewehr[40] mit und die aus Río Negro einen Karabiner. Niemand wusste damals vom Verbleib des anderen Sturmgewehrs, das der Polizist bei sich gehabt hatte, der im Fluss gestorben war – niemand, außer dem Mann, der es gefunden hatte. Nach einigen Tagen überreichte dieser Mann das Sturmgewehr der EGP.

An diesem 5. März kam ich zur Kapelle und sah einige Verletzte und Tote, die durch die Schüsse des Militärpolizisten gestorben waren. Sie lagen in der Nähe der Kapelle. Der Kopf des Mannes aus Canchún, der den Polizisten geschlagen hatte, Justo Alvarado Ixpatá, war von Schüssen durchlöchert. Er lag auf dem Bauch, mit einem völlig zerfetzten Kopf.

Gegen zehn Uhr morgens kam überraschend ein Helikopter der INDE. Diejenigen, die in dem Helikopter flogen, nahmen Mateo Uscap Chen, der durch Schüsse verletzt worden war, mit ins Krankenhaus nach Cobán. Dort verbrachte er mehr als acht Tage in einer

---

[40] Bei den Sturmgewehren handelte es sich um Galil-Gewehre, damals moderne Waffen israelischer Bauart, die im Rahmen eines Militärhilfe-Abkommens seit 1975 von Israel geliefert worden sind. Truppen und Guerilleros hatten sonst oft nur alte US-Gewehre, die noch aus der Zeit des 2. Weltkriegs stammten.

Klinik, dann verlegten sie ihn ins Krankenhaus von Salamá. Die Familie des Verletzten war froh über die Verlegung, weil sie ihn so näher bei sich hatten und ihn öfter besuchen konnten.

Der Friedensrichter von Rabinal hörte durch Männer, die Mateo Uscap transportiert hatten, von der Tragödie in Río Negro. Der Richter beschloss, in Begleitung von Polizisten der nationalen Polizei nach Río Negro zu reisen, um den Grund für den Tod der Campesinos zu untersuchen. Der Richter ordnete auch die Aufbahrung der Leichen an, damit die Familien sie nach christlichem Brauch bestatten konnten.

Als der Leichnam des Militärpolizisten auftauchte, wurden die Soldaten sehr wütend. In ihrem Zorn beschlossen sie, den Tod dieses Mannes zu rächen und befahlen, Mateo Uscap Chen, der sich immer noch im Krankenhaus von Salamá befand, zu ermorden.

Im darauf folgenden Jahr

Seit jenem Vorfall begannen Mitglieder der Streitkräfte Guatemalas, die Gemeinde Río Negro zu terrorisieren. Regelmäßig durchsuchten sie die Häuser und fragten nach den Waffen, die die Soldaten und der Polizist hinterlassen hatten. Sie fragten auch nach dem Aufenthaltsort der Guerilla. Sie verhafteten Campesinos, die auf dem Weg in andere Dörfer waren, ohne gesetzliche Grundlage und folterten sie, um ihnen die Informationen zu entlocken.

Dies war auch bei José Iboy Osorio und Pablo Osorio Sánchez der Fall. Sie wurden gefoltert, obwohl sie sich als zivile Militärkommissare ausweisen konnten. Diese Männer gaben den Namen der

Personen preis, die die Waffen hatten, um ihr Leben zu retten. Aber das reichte nicht aus, um ihr Leben zu verschonen. Sie sollten hingerichtet werden. Ein Militärkommissar aus Rabinal namens Rosendo Xolop erfuhr von den beiden Gefangenen. Er suchte die Familienangehörigen auf und informierte sie. In der Familie von José Iboy und Pablo Osorio gab es noch andere Militärkommissare. Diese vermittelten beim Militär, damit sie die Gefangenen freiließen. Am folgenden Tag gingen sie zum Generalstab, um beim Verteidigungsministerium auszusagen. Sie unterschrieben ihre Aussage. Man wies sie darauf hin, dass sie die Waffen von den Leuten einfordern müssten, die sie versteckt hielten, und sie der Armee oder den Militärkommissaren aushändigen müssten. Wenn sie Angst hätten, die Waffen zu überreichen, sollten sie sie einfach irgendwo in der Nähe der Häuser dieser Paramilitärs hinlegen.

Sie kehrten zurück nach Río Negro, aber sie fanden die Waffen nicht. Die Zeit verging und es gab keine klare Antwort an das Militär.

Aus Cobán wurden deshalb sechshundert Soldaten geholt, die in Río Negro nach den Waffen suchen sollten. Drei Militärkommissare, die zuvor aus Río Negro geflohen waren, dienten ihnen als Führer.

In der Nacht des 3. März 1981 erreichte die Einheit der guatemaltekischen Armee das Dorf und umstellte es. Sie warteten den Sonnenaufgang ab. Am 4. März, gegen sechs Uhr morgens, überraschten sie die Campesinos, die zur Arbeit auf ihre Felder gingen, mit Schüssen. Den Soldaten gelang es nicht jemanden umzubringen, sie nahmen lediglich 18 Männer fest. Der Rest schaffte es zu entkommen. Die Armeeangehörigen betraten die Häuser und fragten nach den Waffen, die der Militärpolizist und die beiden Soldaten zurückgelassen hatten. Der Offizier sprach mit seiner Dienststelle in Cobán und bat, ihm Mitglieder des G-2[41] zu schicken, damit diese die 18 Gefangenen befragten. Die Gefangenen wurden beschuldigt, den Polizisten ermordet zu haben.

Gegen elf Uhr morgens kamen Leute von der G-2 mit mehreren Helikoptern in Río Negro an. Sie flogen sehr tief über die Häuser hinweg.

In diesen Tagen war der Himmel über Panima' nicht mehr der gleiche, er war übersät von Helikoptern, die im Dorf landeten und alle Menschen in Schrecken versetzten.

Helikopter dringen in indigene Gemeinden ein (CIRMA)

---

[41] G-2 ist die Bezeichnung für die Agenten, die dem militärischen Nachrichtendienst D-2 (Dirección de la Inteligencia Militar) zugeordnet sind. Der D-2 ist der Geheimdienst der Armee Guatemalas, der innerhalb der Armee frei operieren konnte und eine bevorzugte Stellung besaß. In den 1960er und 1970er Jahren nahmen die Aktivitäten dieses Nachrichtendienstes zu und erreichten in den 1980ern ihren Höhepunkt. Er ist in die schlimmsten Vorgänge und Gewaltverbrechen verwickelt: Fälle von gewaltsamem Verschwindenlassen, Morde, Entführungen und Folterungen durchziehen seine Geschichte. Mit dem Abhören von Telefonen und einem ausgeklügelten Computersystem, in dem die Daten von Personen, ihre Fotografien und Angaben über die Zugehörigkeit zu einer politischen Partei oder Organisation gespeichert wurden, führte dieser Dienst umfassende Spionage- und Informationstätigkeiten durch.

76

Die Gefangenen wurden grausam behandelt. Sie traten ihnen in den Magen und schlugen sie mit Gewehrkolben. Sie steckten ihnen den Lauf ihrer Waffen in die Ohren. Gegen fünf Uhr abends verließen die Soldaten das Dorf und nahmen sieben Campesinos aus Río Negro mit nach Cobán. Diese waren es, die die drei Militärkommissare von Río Negro, die jetzt Armee-Uniformen trugen, erkannt hatten. Die anderen Elf ließen sie frei.

Als die Soldaten in Los Encuentros ankamen, bemerkten sie, dass dort ein Kommando wartete, die sie Richtung Cóban bringen sollte. Die sieben entführten Campesinos wurden weiterhin gequält. Die Soldaten setzten sich auf sie und stapelten die Waffen auf ihren Körpern. Bei der Ankunft in Cobán sperrten sie sie in ein Gefängnis des G-2, in dem sie gefoltert wurden. Danach wurden sie in ein öffentliches Gefängnis von Cobán gebracht, wo sie sechs Tage blieben. Anschließend wurden sie nach Salamá überführt und dort vom örtlichen Richter verhört.

Die Familienangehörigen der Gefangenen besuchten sie. Sie hatten Zugang zur Rechtsberatung. Nach sechs Monaten fing ihr Gerichtsprozess an. Von den sieben Beschuldigten wurden zwei des einfachen Mordes für schuldig befunden und fünf wurden freigesprochen und entlassen.

Am 8. Juli 1981 wollten zwei Dorfvorsteher von Panima' in die Hauptstadt reisen, um Formalitäten bei der INDE zu erledigen. Trotzdem wurden sie in Pueblo Viejo von Soldaten entführt, die für die Sicherheit des Staudamms zuständig waren.

Am 17. Juli desselben Jahres wurden die Leichen dieser beiden Dorfvorsteher von Río Negro mit Folterspuren und Kugelsplittern im Dorf Santa Rosa (Gemeinde Purulhá) entdeckt.

Nach diesen Ereignissen und mit dem Ziel, weitere Repressalien des Militärs zu vermeiden, gingen Vertreter des Dorfes zum Militär in Cobán und zum Militärstützpunkt von Rabinal, um sich für die Vorfälle des 4. März 1980 zu entschuldigen. Dieses von den Bewohnern von Río Negro zum Ausdruck gebrachte Zeichen der Versöhnung fand keinen Widerhall. José Antonio Solares González war der Kommandant der Stützpunktes Rabinal. Er reagierte gewalttätig auf die Entschuldigung, drohte ihnen mit dem Tode und beschuldigte sie, Guerilleros zu sein. Er verlangte, dass sie die Waffen aushändigten, die der Militärpolizist und die beiden verprügelten Soldaten während des Vorfalles am 4. März zurückgelassen hatten. Andernfalls würden sie ganz Río Negro in Asche verwandeln.

Während dies in Río Negro geschah, wurden die Bewohner von Xococ Opfer der Repressalien der guatemaltekischen Armee und der Judiciales[42], die von den Soldaten der Kreisstadt Rabinal organisiert worden waren. Zwischen September und Oktober 1981 richteten die Judiciales mehr als zwanzig Campesinos hin, die sich bei der Arbeit auf ihren Parzellen befanden.

---

[42] Die Judiciales in Rabinal waren eine Gruppe von 30 Paramilitärs, Angehörige des militärischen Geheimdienstes, die in Zivilkleidung auftraten und deren Markenzeichen ein rotes Halstuch und ein Strohhut auf dem Kopf waren. Sie machten sich unzähliger Menschenrechtsverletzungen in Rabinal schuldig und waren auch als „Todesschwadrone" bekannt.

Damals zerstörten unbekannte Personen die Straße, die von Xococ nach Rabinal führt.[43] Das Militär und die Judiciales von Rabinal waren verärgert und unternahmen Vergeltungsmaßnahmen gegen die Verantwortlichen. Sie drangen in mehrere Dörfer ein und schossen auf Arbeiter, die gerade dabei waren, Erdnüsse zu ernten. Diese Männer aus Pachicá, Nimacabaj, Pichec, La Ceiba, Panacal, Patixlán, Vega Santo Domingo, Xococ und Buena Vista flüchteten in verschiedene Richtungen.

Einige fanden in nahe gelegenen Weilern Zuflucht, andere versteckten sich in den Dörfern Canchún, Chitucán und Río Negro.

Diejenigen, die sich für mutig hielten, ergaben sich dem Militär und den Judiciales. Sie wurden als Paramilitärs trainiert, dazu gezwungen auf Patrouille zu gehen und Frauen und Kinder in den ländlichen Gemeinden umzubringen. So begann die Tragödie in den erwähnten Dörfern.

Am 20. Oktober 1981 schließlich traf das Militär in den Dörfern Xococ und Buena Vista ein. Die Soldaten wurden von Hauptmann José Antonio Solares González und dem Leutnant Humberto Guillermo Orozco Velásquez kommandiert. Es waren ungefähr dreihundert.

Sie betraten die Häuser, nahmen die Männer gewaltsam gefangen und brachten sie zu einem Berg beim Dorf Buena Vista, der Sakachó genannt wird. Die Soldaten riefen die Namen der Festge-

---

[43] Dies war Teil einer größeren Aktion der Guerilla: Es wurden etwa gleichzeitig mehrere Verbindungsstraßen zerstört, um der Armee den Zugang zu einem Gebiet zu erschweren, das man danach zur „befreiten Zone" erklären wollte.

nommenen von einer Liste auf und ermordeten sie an Ort und Stelle. Diejenigen, die nicht in der Liste auftauchten, wurden gezwungen, den *Patrouillen für zivile Selbstverteidigung*[44] (PAC) beizutreten.

Jahre später bekannten die Männer aus diesen Dörfern, dass ihnen an jenem 20. Oktober 1981 mit dem Tode gedroht worden ist und sie gezwungen worden sind, Zivilpatrouillen zu bilden.

Die Leute von den Zivilpatrouillen zogen aus, um die Dörfer zu umstellen und vermeintliche Guerilleros festzunehmen. Als sie in Río Negro ankamen, trafen sie einige Frauen an und fragten:

> *Kennt ihr Don Octaviano Xitumul, den Anführer der Guerilla-Armee der Armen (EGP) und seine Genossen aus Xococ?*

---

[44] Die Patrouillen für zivile Selbstverteidigung (*Patrullas de Autodefensa Civil, PAC*, kurz: Zivilpatrouillen oder Patrulleros) wurden Ende 1981 von der guatemaltekischen Armee als Teil ihrer Aufstandsbekämpfungspolitik geschaffen. Ihre wichtigste Funktion war es, die Dorfgemeinschaften aktiver in die Antiguerilla-Offensive einzubeziehen, die die Armee in Gang gesetzt hatte. Mit den Zivilpatrouillen wollte die Armee einer möglichen Durchdringung der Dorfgemeinschaften durch die Guerilla zuvorkommen und die Aufständischen aus Gebieten verdrängen, in denen sie schon eine gewisse Präsenz erreicht hatten. Über die Zahl der Mitglieder der PAC gibt es keine amtlichen Zahlen. 1982/83 umfassten sie ca. 900.000 zwangsrekrutierte Campesinos zwischen 15 und 60 Jahren, diese Zahl entspricht ca. 80 Prozent der männlichen Bevölkerung in den ländlichen Gebieten, in denen Indígenas lebten. Zum Zeitpunkt ihrer Auflösung (1995) waren es 375.000. Insbesondere im Landkreis Rabinal waren sie aktive an den Massakern beteiligt.
Die PAC waren ein billiges Überwachungs- und Repressionssystem, da sie weder der Armee noch dem Staat hohe Ausgaben verursachten. In vielen Fällen hatten sie nur wenig Waffen, keinen Sold u. ä. An vielen Orten wurden sie für die Durchführung von Zwangsarbeiten - vor allem für Versorgungsaufgaben, den Bau von Infrastruktur etc. - herangezogen.

Die Frauen antworteten:

Wir kennen niemanden.

Die PAC kam alle acht Tage in die Gemeinde Río Negro, aber nie fanden sie die Männer, die sie suchten. Sie trafen lediglich ihre Frauen und Kinder an. Eines Tages kamen die guatemaltekische Armee und die PAC, um fünf Männer der Gemeinde

Die PAC von Xococ (CIRMA)

festzunehmen. Nachdem sie ein paar Stunden mit ihnen gesprochen hatten, ließen sie sie unter der Bedingung frei, dass diese als zivile Militärkommissare mit ihnen zusammenarbeiteten.

Ihre Aufgabe bestand darin, die Männer aus Río Negro davon zu überzeugen, nach Xococ zu kommen - angeblich um mit ihnen Frieden zu schließen.

Im November 1981 erfüllte sich der Wunsch der Soldaten und der Patrulleros: Mehr als einhundert Männer gingen nach Xococ, um Frieden zu schließen. Das Militär reagierte negativ auf ihr Kommen: Sie beschuldigten sie, Guerilleros zu sein und drohten ihnen mit dem Tod. Der Hauptmann José Antonio Solares González sagte ihnen, dass er es sehr bedauere, nicht mehr genug Kraft zu haben um sie umzubringen, denn er sei Müde vom vielen Blutvergießen. Armeeangehörige hielten die Bewohner Río Negros dort einige Tage lang fest und nahmen sie dann mit zum Militärstützpunkt von Rabinal. Bevor sie freigelassen wurden, wurden sie gezwungen, den Zivilpatrouillen beizutreten. Diejenigen, die sich widersetzten, wurden als Guerilleros bezeichnet und mit dem Tod bedroht.

Die PAC von Río Negro gliederte sich folgendermaßen: Es wurden ein Kommandant und ein Unteroffizier benannt. Die zivilen Militärkommissare von Río Negro spielten eine wichtige Rolle für das Militär. Jeden Sonntag übergaben sie dem Militärstützpunkt und dem Vorgesetzten der Militärkommissare aus Rabinal einen Wochenbericht.

Nachdem die Männer von Río Negro in den Zivilpatrouillen organisiert worden waren, zwangen die Soldaten und die Patrulleros von Xococ sie, die Flüchtlinge aus anderen Dörfern wie Buena Vista, Patixlán, Xococ, Vega Santo Domingo gefangen zu nehmen.

Zu Beginn des Jahres 1982 wurde es für diejenigen, die aus ihren Gemeinden geflohen waren, immer schwieriger, in Río Negro Zuflucht zu suchen, weil das Dorf schon fast vollständig von der PAC kontrolliert wurde.

Die Flüchtlinge und einige Führer des EGP aus Río Negro, Canchún, Chitucán und Mangales unternahmen Vergeltungsmaßnahmen gegen die Patrulleros von Xococ.

Am 4. Februar 1982, gegen vier Uhr morgens, kamen sie nach Xococ und brannten den Markt und einige Läden ab. Sie töteten auch Victoriano Vino Lajuj, Pedro Ismalej Alvarado, Pablo Cortez Cortez, Lucas Ruiz Alvarado und Pedro Alvarado, Patrulleros dieses Dorfes.

Bevor sie die Läden anzündeten, tranken sie das ganze Bier aus. Sie betranken sich, dann verließen sie das Dorf und riefen dabei: „Es lebe das EGP von Río Negro." Auch auf den Wänden der Häuser hinterließen sie den Satz: „Es lebe das EGP von Río Negro."

Als es Tag wurde, zog eine von Soldaten begleitete Zivilpatrouille aus, um die Guerilleros zu suchen, die den Markt und die Läden abgebrannt hatten.

Als sie das Dorf Xococ verließen, fanden sie einen im Gras liegenden Guerillero. Er trug eine Pistole und war olivgrün gekleidet. Er hieß Carlos Alvarado Ivoy. Die Patrulleros brachten ihn vor die Kirche von Xococ, wo er gefoltert wurde. Carlos Alvarado verriet die Namen seiner Genossen aus Río Negro, Canchún, Chitucán, Chiac, Buena Vista, Xococ, Patixlán und Vegas Santo Domingo.

Das Militär schrieb der Guerilla und einigen Campesinos aus Río Negro den Brand des Marktes und der Geschäfte zu. Die Bewohner von Xococ brachen die Handelsbeziehungen ab, die sie mit Río Negro unterhielten, und erklärten sie zu Feinden.

Seitdem identifizierte man das Dorf Río Negro mit der Guerilla. Die Patrulleros von Xococ, von der Armee bewaffnet, geschult und angeführt, wurden den Bewohnern Panima´s entgegengestellt.

Am 6. Februar 1982 führten die Patrulleros von Xococ die erste Aktion gegen Río Negro durch. Mehr als 80 Personen wurden vorgeladen - angeblich auf Anordnung des Militärstützpunktes von Rabinal. Der Kommandant der Patrulleros von Xococ, Carlos Chen, empfing sie. Er beschimpfte alle, weil sie die Guerilla unterstützten, und beschuldigte sie, den Markt angezündet zu haben. Nachdem er sie beschimpft hatte, befahl er ihnen, sich in einer Reihe aufzustellen. Sie holten Carlos Alvarado Ivoy, jenen als Guerillero verdächtigten Mann, der sich betrunken hatte und anschließend gefangen genommen worden war. Sie baten ihn, aus der Gruppe aus Río Negro einige seiner Komplizen zu benennen. Der junge Mann konnte niemanden identifizieren. Die stark verärgerten Patrulleros gingen dazu über, ihn vor allen Anwesenden zu foltern. Sie schnitten ihm das Ohr ab, in den Kiefer und die Zunge. Er schrie vor Schmerz. Danach brachten sie ihn nach Canchún, damit er das Versteck der anderen Aufständischen zeigte. Der arme Mann konnte seine Kameraden nicht verraten. Daher beschlossen die Patrulleros, ihn an einem Baum aufzuhängen.

Die Bewohner Río Negros sagten Carlos Chen, dass der Markt auch für sie von Nutzen gewesen sei und dass sie kein Motiv gehabt hätten, ihn abzubrennen. Sie wollten ihren guten Willen zeigen und versprachen, einen neuen Markt zu bauen, damit die Situation sich nicht weiter verschlechterte.

Die Patrulleros bestraften die Leute aus Río Negro. Sie ließen sie zwei Tage und eine Nacht unter freiem Himmel sitzen. Sie froren und schwitzten. Während dieser Tage der Gefangenschaft gaben sie ihnen keine Lebensmittel, nicht einmal einen Tropfen Wasser. Sie verlangten Geld von ihnen, um die Lebensmittel der Soldaten zu bezahlen. Die Campesinos von Río Negro beteiligten sich mit 25 bis 50 Quetzales. Sie dachten, dass ihnen durch diese Mitarbeit verziehen werden würde.

Als die Nacht des 7. Februars 1982 hereinbrach, behielten die Patrulleros die Personalausweise der Gefangenen ein, ließen sie frei und befahlen ihnen, die Dokumente am 13. Februar abzuholen.

In den Tagen vom 8. bis 12. Februar 1982 wusste mein Vater nicht, was er mit uns machen sollte. Er sah uns an und fing dann an zu weinen.

Er erzählte uns von davon, wie die Patrulleros von Xococ alle Männer aus dem Dorf La Laguna umgebracht hatten. Mein Vater sagte uns, wenn er am 13. Februar nicht nach Hause zurückkehren würde, sei mit ihm dasselbe geschehen wie mit den Leuten aus La Laguna. An einem dieser Tage, als ich gerade dabei war, mit meiner Mutter Wasser vom Fluss zu holen, sagte sie zu mir:

Jetzt darfst du nicht mehr denken wie ein kleiner Junge, denn wer wird die Lebensmittel für deine Brüder beschaffen, wenn sie deinen Papa umbringen? Dann musst du denken wie ein Erwachsener, um mir zu helfen, deine Brüder aufzuziehen.

In einem der Gespräche meiner Eltern sagte meine Mutter zu meinem Vater:

Es ist besser, wenn wir zusammen nach Xococ gehen, um deinen Personalausweis abzuholen. Ich werde nicht zulassen, dass die Patrulleros dich töten, und falls dies passiert, wäre es besser, wenn wir zusammen sterben, damit ich nicht alleine zurückbleibe und mit den Kindern leide.

Am 12. Februar 1982 hatten meine Eltern bereits beschlossen, gemeinsam nach Xococ zu gehen. An diesem Tag versammelte sich die ganze Familie vor dem Abendessen, gegen sechs Uhr abends.

Wir waren fröhlich und voller Hoffnung, dass meine Eltern von Xococ gesund und unbeschädigt zurückkehren würden. An jenem Abend bestand ich darauf, sie zu begleiten und sie sagten mir:

Wenn du mitgehen möchtest, musst du um ein Uhr nachts aufstehen. Wenn du um diese Uhrzeit nicht aufstehst, lassen wir dich bei deinen Brüdern.

Am 13. Februar 1982 standen meine Eltern gegen ein Uhr nachts auf. Ich wachte erst zwei Stunden später auf. Meinen Eltern waren schon weg. Gegen zehn Uhr vormittags begann ich mit meinen Brüdern zu spielen und plötzlich ... fühlte ich etwas Seltsames in meinem Herzen, etwas, dass mich traurig machte. Ich setzte mich vors Haus, um auf Nachrichten von meinen Eltern zu warten. Ich wartete darauf, dass jemand käme, um mich zu informieren, mir zu sagen, wie es meinen Eltern ging.

Die Nacht brach herein und alles war still. Ich hörte nur das Gebell der Hunde. Ich konnte nicht schlafen. Ich blieb die ganze Nacht wach. Unsere Hunde verließen oft das Haus. Ich dachte, dass sie meinen Eltern entgegengingen, aber dem war nicht so.

Vor jenen Gräueltaten waren unsere Hunde immer ausgezogen, um meinen Eltern entgegenzugehen, wenn sie nach Hause kamen.

Kapitel 6

Der 13. Februar 1982

Abschied von meinen Eltern

Die Tore des Bösen haben sich geöffnet
und die Botengänger des Todes
gehen bei Tag und bei Nacht umher
und verüben Massaker
(...)
Herr der Himmel,
Herr der Erde:
Wo bist du, wenn diese Dinge passieren,
warum duldest du die Mörder?

Die gelbe Blume der Gräber
Humberto Ak'abal

Das Massaker vom 13. Februar 1982, bei dem meine Eltern ihr Leben verloren

Am 13. Februar 1982 gingen meine Eltern, Lauriano Tecú und Martina Osorio, zusammen mit einigen Männern, die ihre Frauen und Kinder dabei hatten, nach Xococ, um einem Befehl der dortigen Patrulleros Folge zu leisten. Alle hatten Palmzweige, Petates, Ocote und Fisch dabei, um die Sachen auf dem Markt von Xococ zu verkaufen. Sie hatten niemals wirklich daran geglaubt, dass sie nicht mehr zu ihren Familienangehörigen nach Río Negro zurückkehren

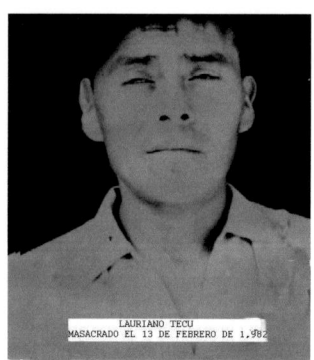

würden. Sie hatten nur geplant, den Personalausweis abzuholen, dann weiter zum Markt zu gehen, ihre Waren dort zu verkaufen und ins Dorf zurückzukehren. Leider war dem nicht so.

Jesús Vater
Ermordet am 13.2.1982

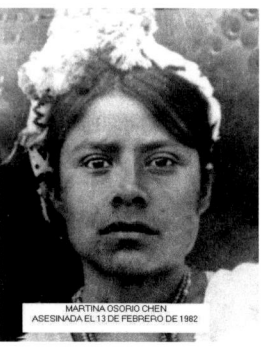

Jesús Mutter
Ermordet am
13.2.1982

Meine Eltern ließen in Xococ ihr Leben. Sie wurden verurteilt, ohne Unrecht begangen zu haben.

An diesem Tag ermordeten die Armee und die Zivilpatrouillen 71 Brüder und Schwestern aus Río Negro. Es waren 54 Männer, acht Frauen und neun Kinder. Sie wurden nicht nur umgebracht, sondern auch ihres Eigentums beraubt. Die Soldaten und Zivilpatrouillen behielten die Waren, sechs Esel und das Bargeld.

Zwei Menschen überlebten dieses Massaker. Einer von ihnen war Patrocinio Chen Sánchez. Dieser Mann wurde von der Zivilpatrouille verschont, weil sie einen Führer für den Weg von Xococ nach Río Negro brauchten und weil er die Guerilleros aus Río Negro denunzieren sollte. Die andere Überlebende war Teodora Chen. Sie schaffte es aus eigener Kraft zu fliehen. Ungefähr gegen sieben Uhr abends nutzte die Frau den Augenblick, in dem die Patrulleros und die Soldaten die erwachsenen Frauen und jungen Mädchen vergewaltigten.

Sie ging die ganze Nacht durch und erreichte Río Negro früh am Morgen des 14. Februars – ein Sonntag. Sie rief uns zusammen und erzählte uns, was die PAC von Xococ und die Soldaten getan hatten. Die Männer, die im Dorf geblieben waren, versteckten sich im Wald, denn die Soldaten und die PAC waren auf dem Weg ins Dorf, um sie umzubringen.

Dreißig Minuten nach der Ankunft der Frau betraten Armee und Patrulleros wahllos um sich schießend das Dorf. Tatsächlich fungierte Patrocinio Chen Sánchez als Führer der Mörder. Er trug weder Sandalen noch einen Sombrero. Sie hatten ihm eine LKW-Plane auf den Rücken und ein Seil um den Kopf gebunden. Seine Hände waren gefesselt. Man konnte einen Strick um seinen Hals und einen anderen um seinen Bauch sehen. Nachdem die Armee in das Dorf einmarschiert war, floh Patrocino und sprang einen Kilometer oberhalb meines Hauses in eine Schlucht hinab.

Die Soldaten verfolgten ihn und schossen auf ihn, aber es gelang ihnen nicht, ihn zu treffen. Tage später tauchte er im Dorf auf, gefesselt und geschlagen, aber am Leben.

Doch zurück zu den Ereignissen in Xococ: Leute aus Xococ haben später berichtet, die 71 Menschen aus Río Negro hätten sich vor der Kirche gemeldet und seien dann in das Haus von Chico Paz gebracht worden. Dieses Haus befindet sich ungefähr fünfzig Meter von der katholischen Kirche von Xococ entfernt. Sie schlugen die Männer mit Gewehrkolben. Sie schnitten ihnen in die Beine, die Nase, die Ohren und die Wangen. Viele von ihnen starben aufgrund der Folterungen.

Gegen sieben Uhr abends holten sie sie aus dem Haus von Chico Paz heraus und brachten sie an einen Ort, der Chitón genannt wird. Die Patrulleros trugen die Toten, indem sie Hände und Füße zusammenbanden und ihnen dann einen Stock zwischen die Extremitäten steckten. Die übrigen Männer wurden gezwungen, bis nach Chitón zu Fuß zu laufen. Dort erdrosselten sie sie mit Seilen und Stöcken.[45]

Nachdem sie die Männer umgebracht hatten, kehrten die Patrulleros in das Haus von Chico Paz zurück und wussten nicht, was sie mit den Frauen und Kindern machen sollten, die sich dort befanden. Sie wollten sie nach Río Negro schicken, aber es wurde ihnen klar,

---

[45] Das Seil wurde als Schlinge um den Hals gelegt und mithilfe eines Stockes zugedreht, bis die Opfer erstickten.

dass dies keine gute Idee war, weil sie Zeugen des Massakers geworden waren.

Deshalb gingen sie dazu über, sie an eine Seite des Hauses von Chico Paz zu bringen, und fingen an, sie dort umzubringen. Noch waren Lorenzo Osorio Sic und Emilia Chen Chen nicht gestorben. Lorenzo war ein Jugendlicher im Alter von 14 Jahren. Ihm schnitten sie in die Wangen und die Ohren ab und zwangen ihn, sie zu essen. Sie sagten ihm, dass er der Sohn eines Guerilleros sei. Emilia Chen Chen, eine Frau, die im achten Monat schwanger war, schlugen und vergewaltigten sie. Die Schläge riefen die Geburt hervor. Die Frau gebar einen Sohn.

Die Patrulleros baten die Frauen von Xococ, der Frau zu helfen, weil sie einen Sohn geboren hatte. Die Antwort der Frauen lautete:

Die Ehefrau eines Guerilleros wollen wir nicht in unserem Haus haben.

Als die Patrulleros sahen, wie sehr die Frauen Emilia Chen ablehnten, baten sie sie, sich um das Baby zu kümmern. Das wollten sie auch nicht. Emilia und das Baby wurden so zu einem Problem für die Patrulleros. Darum fällten sie die Entscheidung, die Frau nach Chitón zu bringen. Dort erdrosselten sie sie mit einem Seil und einem Stock. Als sie bereits tot war, legten sie ihr das Baby an die Brust und begannen Erde darüber zu werfen. Das Baby war noch am Leben.

Nach dem Massaker vom 13. Februar wusste ich nicht, was ich machen sollte. Wo sollte ich die Anzeige einreichen? Zeigte man diese Vorfälle bei der Polizei, der Armee, den Militärkommissaren oder den Patrulleros an? Nein! Bei denen sollte ich Anzeige erstatten? Das war unlogisch, denn sie waren die Mörder meiner Eltern und meines Volkes. Es waren Tage großer Trauer für mich und meine Geschwister. Unsere Eltern waren nicht mehr bei uns. Wir trauerten. Wir hatten keine Hoffnung zu überleben. Wir lebten in einer Gesellschaft des Terrors. So war unser Leben von 1981 bis 1984.

Meine Schwestern Juana und Laura waren verheiratet. Wir vier Buben lebten im Haus meiner Eltern. Nach den Missetaten und Übergriffen durch die Armee und die Patrulleros von Xococ gingen mein zweijähriger Bruder Jaime und ich zu Laura, um bei ihr zu leben, und Marcelo und Anastasio gingen zu Juana. Aufgrund der Gewalt in Río Negro beschloss Laura, uns nach Los Encuentros zu bringen, wo wir mehr als zwanzig Tage Zuflucht suchten. Dort weinten mein kleiner Bruder Jaime und ich viel, weil es kein Essen gab. Wir litten Hunger und ertrugen es nicht länger. Also beschlossen wir, nach Río Negro zurückzukehren, um nun im Haus meiner Schwester Juana zu leben. Sie sagte mir:

Du musst dich wie ein Erwachsener benehmen. Du musst arbeiten wie ein Erwachsener, um unsere Brüder zu ernähren, und dich um sie kümmern, weil wir keine Hoffnung mehr haben, dass unsere Eltern zurückkehren werden. Das einzige, was uns Hoffnung macht, ist, dass ihr alle Buben seid und es nicht so schwierig ist, für euch zu sorgen. Schon in fünf Jahren werdet ihr arbeiten können.

Wenn wir es noch ein paar Tage in Los Encuentros ausgehalten hätten, wäre mein kleiner Bruder Jaime noch bei mir. Dann wäre er jetzt nicht tot.

Kapitel 7

Tausende von Tränen in einer Welt voller Schmerz

Sie waren meine kleinen Brüder

Hier will niemand Frieden,
hier gibt es den Hungertod,
die Menschen sind blind,
die Gesetze taub,
die Wege sind steil.
Die Nacht scheint nicht aufzuhören,
der Tod läuft betrunken umher,
sättigt sich mit Blut,
die Schatten des Verbrechens
breiten ihre Flügel aus und verdecken das Licht,
Fledermäuse tanzen zwischen den Flammen des
Hasses:
schwarzes Feuer!

Die gelbe Blume der Gräber
Humberto Ak'abal

Das Massaker vom 13. März 1982, bei dem meine Geschwister ihr Leben verloren

Am 13. März 1982 gegen sechs Uhr morgens kamen Soldaten und Patrulleros bewaffnet und in Uniform in das Dorf Río Negro und holten alle Menschen aus ihren Häusern: Jungen, Mädchen und schwangere Frauen.

Mich holten sie zusammen mit meinen Brüdern Marcelo, Anastasio und Jaime aus dem Haus, die im Alter von sieben, fünf und zwei Jahren waren. Meine 24-jährige Schwester Juana Tecú Osorio holten sie zusammen mit ihren fünf- und zweijährigen Söhnen Juan und Catarino heraus. Sie lebten am Dorfausgang Richtung Chitucán.

Einen Tag zuvor, am 12. März 1982, als die Nacht bereits hereinbrach, hatte mich meine Schwester Juana gebeten, am nächsten Tag früh morgens aufzustehen, um auf dem Berg mit einem anderen Jungen Brennholz zu sammeln. Am 13. März gegen neun Uhr morgens waren wir auf dem Berg und hackten Holz, als dort ein Mann vorbeigelaufen kam. Er war vor den Soldaten und den Patrulleros auf der Flucht. Der andere Junge und ich machten Witze und schrieen. Der Mann schimpfte und sagte zu uns:

Kinder, hört auf zu schreien! Die Patrulleros und Soldaten sind schon im Dorf, sie nehmen alle Frauen mit!

Dies beunruhigte mich sehr und ich kehrte unverzüglich nach Hause zurück. Als ich am Haus ankam, bemerkte ich, dass die Soldaten und die Patrulleros die Frauen und Kinder mitnahmen. Da sagte ich zu meiner Schwester Juana:

> *Lass uns das Haus verlassen, bevor sie hier ankommen.*

Sie wollte nicht. Wir waren etwa zweihundert Meter entfernt. Sie sagte zu mir:

> *Wenn die Zivilpatrouillen uns in einem Versteck in den Bergen aufspüren, dann ist es für sie ganz einfach, uns als Guerilleros hinzustellen.*

Ich wollte Jaime mitnehmen, meinen kleinen Bruder. Meine Schwester bestand darauf, nicht zu fliehen. Sie nahm uns mit ins Haus und schloss uns ein.

Einige Minuten vergingen, bis ein Soldat kam. Sein Gesicht war verhüllt mit einem roten Tuch. Er hatte den Blick eines Mörders. Er ging vor den Frauen des Dorfes her. Er begann, gegen die Türe zu treten, um sie zu öffnen. Die Patrulleros und die anderen Soldaten umstellten das Haus, damit niemand entkam. Das Haus war aus Holz gebaut und hatte ein Strohdach. Die Haustüre war aus Holz.

Es gelang ihm hereinzukommen. Dann sagte er:

> *Wo sind die Waffen, die ihr den Agenten weggenommen habt? Wenn ihr sie nicht zurückgebt, werdet ihr alle sterben! Wo sind die Männer? Wohin sind sie gegangen?*

Meine Schwester sagte ihm, wir wüssten nichts von den Waffen und die Männer des Dorfes hätten sie in Xococ umgebracht.

Die Patrulleros und Soldaten sagten, dass die Männer zur Guerilla gegangen und nicht tot seien. Nachdem sie das Haus durchsucht hatten, brachten sie uns hinaus. Wir setzten uns unter einen Conacastebaum[46], der vor dem Haus stand. Dort sahen wir eine Gruppe von Patrulleros, die dabei waren, sich über die Frauen herzumachen.

Die Mörder, die im Haus waren, fingen an zu kochen und unsere Lebensmittel aufzuessen. Für uns blieb nichts zum Frühstück übrig. Nachdem sie die Lebensmittel gestohlen hatten, fingen sie an, die Frauen zu misshandeln und ihnen wieder dieselbe Frage zu stellen:

> *Wo sind die Waffen, die ihr den Agenten weggenommen habt? Wenn ihr sie nicht hergebt, werdet ihr alle sterben! Wo sind die Männer hingegangen?*

Sie antworteten dasselbe:

> *Alle Männer sind in Xococ umgebracht worden!*

Die Patrulleros und Soldaten wollten die Frauen davon überzeugen, dass die Männer nicht tot waren, sondern sich der Guerilla angeschlossen hätten.

---

[46] Conacaste [deutsch: Elefantenohr]: tropischer Baum, dessen Holz in der Möbeltischlerei und Konstruktion benutzt wird.

Nach dem Verhör begannen sie, die 14 und 15-jährigen Mädchen zu vergewaltigen. Sie nahmen sie mit in die Büsche. Danach machten sie sich über sie lustig, weil sie sie vergewaltigt hatten. Ich sah, wie der aus Xococ stammende Patrullero Ambrosio Pérez Lajuj das Mädchen Justa Osorio Sic mit in die Büsche nahm. Sie kam verschreckt zurück. Er schrie ihr vulgäre Ausdrücke hinterher. Er sagte ihr, dass sie nun keine Jungfrau mehr sei, dass ihr Körper schon ausgeleiert sei.

Danach zwangen sie uns, nach Pak'oxom hinaufzusteigen, das auf dem Berg Portezuelo de Monterredondo liegt.[47] Die Soldaten und die Patrulleros misshandelten uns und sagten uns, dass wir Kinder von Guerilleros seien.

Sie schnitten Dornenzweige ab und schlugen uns damit. Niemand ertrug den Schmerz. Kinder und Frauen weinten. Zu dieser Jahreszeit war es sehr heiß. Alle baten um Wasser, aber die Patrulleros sagten uns:

Wir werden die Stelle bald erreichen. Dort werden wir ausruhen und Wasser trinken.

Das war nicht ernst gemeint. Sie wussten bereits, was sie mit uns machen würden. Die Frauen und Kinder kamen erschöpft in Pak'oxom an. Die Soldaten und Patrulleros versammelten uns an einer ebenen Stelle. Dort warteten wir auf die Frauen, die etwas zurückgeblieben waren. Als diese an der ebenen Stelle ankamen, fingen die Patrulleros an, Äste von den Bäumen und Seile mit einer Länge

---

[47] Es geht von Río Negro aus gut drei Kilometer recht steil bergauf.

von einem Meter abzuschneiden. Sie bereiteten das Material vor, das sie benutzen wollten, um die Menschen umzubringen.

Der Vorgesetzte der Soldaten bedrohte die Frauen mit einer Bombe, die er an der Brust trug. Er nahm sie ab und tat so, als ob er sie dorthin werfen würde, wo die Frauen und Kinder standen. Alle schrieen auf. Sie hatten gedacht, der Offizier hätte die Bombe gezündet. Der Mörder machte sich über sie lustig und sagte:

> *Gut, ihr wolltet Wasser, nun werden wir euch Wasser geben. Wir verschonen euer Leben, wenn ihr uns die Waffen übergebt, die ihr den Agenten weggenommen habt.*

Die Frauen beharrten darauf, nichts zu wissen. Der Offizier bedrohte sie auf Spanisch und die Patrulleros übersetzten in die Sprache Achí. Währenddessen nahmen Soldaten und Patrulleros die Mädchen mit ins Gebüsch, wo sie sie vergewaltigten. Wenn eine von ihnen Widerstand leistete, drohten ihr die Mörder mit dem Tod. Die ganze Schar aus Río Negro war von Soldaten und Patrulleros umstellt.

Als das gesamte Material vorbereitet war, begannen sie, erst die Frauen zu töten und danach die Kinder. Sie nahmen eine nach der anderen zu einem ausgetrockneten Bachbett mit, das von uns ungefähr zwanzig Meter entfernt war. Man hörte Schüsse, Schreie und Weinen. Die Patrulleros töten die Frauen heimlich. Sie wollten nicht, dass wir ihre Grausamkeit sahen. Wir mussten uns mit dem Bauch auf die heilige Erde legen. Ich wollte nicht sterben und leiden wie die übrigen Kinder und Frauen. Ich suchte nach einer Fluchtmöglichkeit. Ich war zusammen mit meinem zweijährigen Bruder von Angesicht zu Angesicht mit den Patrulleros. Ich spürte, wie mit jeder Sekunde, die verging, der Tod näher an mich heranrückte.

Als ein Patrullero in unsere Nähe kam, dachte ich, dass er mich mitnehmen würde. Ich dachte an zwei Dinge: Sterben oder mit meinem Bruder entkommen. Ich begann mich zur letzten Reihe der Frauen hinzubewegen.

Ich sagte einem Patrullero, dass mein Bruder kacken musste. Er gab mir die Erlaubnis. Ich ging auf einen Hügel zu und suchte eine Lücke, um mit meinem Bruder zu entwischen, aber ich merkte, dass wir von Soldaten umstellt waren. Ich wollte rennen, aber das Gewicht meines Bruders erlaubte es mir nicht. Dort traf ich einen Soldaten, der gerade ein Mädchen vergewaltigte. Als er mich sah, beschimpfte er mich und schickte mich zur Gruppe der Frauen zurück.

Als ich ankam, sah ich den Patrullero Pedro González Gómez, der Vicenta Iboy Chen umbringen wollte. Obwohl die Frau ein Baby auf dem Rücken trug, kämpfte sie, um sich gegen den Vergewaltiger zu verteidigen. Sie nahm einen Stein und warf ihn gegen Pedro. Der Patrullero holte seine Machete aus der Scheide, die er am Gürtel trug, und verpasste der Frau zwei Hiebe mit der Machete. Der Patrullero verletzte nicht nur die Frau sehr schwer, sondern spaltete das Baby, das auf dem Rücken der Frau war. Ich sah, wie die eine Hälfte des Babys auf den Boden fiel und die andere Hälfte im Tragetuch stecken blieb. Doña Vicenta schlug schwer auf das Bachufer auf. Pedro näherte sich ihr unverzüglich und verpasste ihrem Hals zwei Hiebe mit seiner Machete.

Ich erinnere mich an andere bittere Momente bei diesem Töten. Der Patrullero Pablo Ruiz Alvarado drückte das Gesicht von Tomasa

López Ixpatá gegen den Boden. Er hatte ihr ein Seil in der Form eines Drehkreuzes um den Hals gebunden.[48] So fiel es ihnen leichter, die Frauen zu erwürgen. Der Mörder nahm ihr das Seil ab, weil er glaubte, dass er sie schon getötet hätte, doch der Körper der Frau zitterte noch. Der Patrullero nahm einen Knüppel und schlug sie, bis alles Leben aus ihr gewichen war. Er behandelte sie wie ein Tier. Als die Frau schon tot war, nahm der Mörder sie an den Füßen und schleifte sie bis zum ausgetrockneten Bach.

Margarita Sánchez wollte nicht sterben wie die anderen. Sie wollte fliehen, aber der Offizier bemerkte es. Er nahm sie an den Haaren, schlug sie zu Boden und trat auf sie ein. Die Frau bat um Gnade, sie sagte:

Töten Sie mich nicht, mein Papa lebt doch in Pacux!

Die Patrulleros sagten zu ihr:

Wir schicken dich sofort zu deinem Vater nach Pacux.

Die Frau setzte sich, in einem Meer von Tränen gebadet, an meine Seite. Dort bemerkte ich, dass sie Blut spuckte. Sie hatte keine Zähne mehr. Die übrigen Frauen weinten und baten um Gnade. Sie boten ihr Vieh an - als Tausch gegen ihr Leben, aber die Mörder hatten bereits beschlossen sie umzubringen.

---

[48] Das Seil wurde als Schlinge um den Hals gelegt und mit Hilfe eines Stockes zugedreht, bis die Opfer erstickten.

Frauen und Männer der Gemeinde Río Negro vor 1980.
(Museo Comunitario Rabinal Achí)

Jetzt nahmen sie sie nicht mehr mit bis zum Bachbett, sondern brachten sie an Ort und Stelle um. Sie töteten sie vor den Augen der anderen Frauen und Kinder.

Ungefähr gegen zwei Uhr nachmittags packten die Patrulleros Petronila Sánchez und Paula Chen, die ungefähr 55 Jahre alt war. Sie zwangen sie, sich auf den Bauch zu legen, und dann legten sie Seile in Form von Drehkreuzen um ihre Hälse. Ich war zwei Meter entfernt.

Ich hörte, wie sie nicht mehr atmen konnten. Sie gruben ihre Finger in die heilige Erde, als ob sie um Hilfe baten.

Ihre Hälse knackten. Als sie tot waren, schleiften sie sie bis zum Bachbett. Alle Leichen waren angeschwollen und hatten dunkelviolette Gesichter. Alle Kinder weinten.

Wir saßen auf dem Boden. Die Kinder waren die Opfer, die am leichtesten zu töten waren. Wenn sie ein Kind holten, befestigten sie lediglich das Seil um den Hals und nahmen es am Seil hängend mit. Das Kind fing an zu strampeln. Wenn sie an dem ausgetrockneten Bach ankamen, entfernten sie das Seil. Sie nahmen das Kind an den

Beinen und schmetterten es gegen die Steine und die Bäume, die sich noch an diesem Ort befinden. Andere Kinder brachten sie mit Machetenhieben um oder mit bloßen Schlägen gegen die Ohren. Dies war die Art, auf welche die Mörder vielen wehrlosen Kindern das Leben nahmen.

Es blieben 17 Mädchen und Jungen übrig. Die Patrulleros näherten sich den Größten. Frau Juana Tum nutzte den Augenblick, um den Patrullero Macario Alvarado Toj zu bitten, ihre Tochter Silveria Lajuj Tum nach Xococ mitzunehmen, sie wie seine eigene Tochter zu pflegen. Als nur noch ungefähr zwanzig Frauen übrig waren, rief mich der Patrullero Pedro González und sagte:

Ich werde dich nicht umbringen, aber du musst mit mir nach Xococ kommen und mir bei der Arbeit helfen. Ich nehme dich nur mit, weil ich keine Kinder habe.

Ich sagte sofort ja, um mein Leben zu retten. Er trennte mich von der Gruppe und schickte mich auf den Hügel. Ich nahm meinen Bruder mit. Die übrigen Patrulleros näherten sich den Kindern und suchten diejenigen heraus, die sie nach Xococ mitnehmen wollten. Nachdem sie die zwanzig Frauen, die noch übrig waren, umgebracht hatten, riefen sie uns alle zusammen und trafen Vorbereitungen, um nach Xococ zu gehen. Der Mörder Pedro González kam zu meinem Bruder und mir und sagte:

Gut, lasst uns nach Xococ gehen.

Jetzt merkte er, dass ich meinen kleinen Bruder Jaime bei mir hatte. Er sagte mir, dass er ihn nicht mitnehmen könne, weil er müde sei und wir die ganze Nacht von Río Negro nach Xococ wandern müssten. Ich sagte ihm, dass ich meinen Bruder tragen und mich um ihn kümmern könne. Wütend sagte er:

Nein! Meine Ehefrau ist nicht gewöhnt, einen kleinen Jungen wie deinen Bruder zu betreuen.

Ich bestand darauf, meinen Bruder mitzunehmen. Er regte sich auf und sagte, dass er uns beide umbringen würde, wenn ich darauf bestünde. Ich saß auf dem Stamm eines umgestürzten Baumes. Ich hatte meinen Bruder im Arm, und er nahm ihn mir mit Gewalt weg. Er band ein Seil um seinen Hals und trug ihn an seiner Hand hängend fort. Jaime strampelte.

Erinnerungen an den Abschied von Jaime
(Zeichnung Jesús Tecú)

Ich ging weinend hinter ihm her. Ich bat tausend Male um Gnade, damit er das Leben meines Bruders verschonte, umsonst.

Ich wünschte mir Hilfe von irgendjemandem, aber niemand war da. Wir kamen zum Bachbett, wo die Leichen der Opfer gestapelt lagen. Er warf meinen Bruder auf den Boden. Er nahm ihn an den Füßen und schmetterte ihn gegen die Steine. Als er sah, dass er tot war, warf er ihn in das ausgetrocknete Bachbett.

Dort konnte ich die vergewaltigten, erdrosselten, erschossenen und mit Machetenhieben getöteten Frauen sehen. Einige Körper waren noch warm.

Ich setzte mich auf einen anderen umgestürzten Baum. Mir kamen die Tränen. Die Patrulleros formierten sich in Reihen und überprüften, ob alle da waren. In diesem Moment zählte ich an die 35 Patrulleros und 25 Soldaten.

Wir verließen Pak'oxom, die Stätte des Massakers, zusammen mit den Soldaten und Patrulleros. Es war gegen vier Uhr nachmittags. Auf dem Weg erzählten die Mörder, auf welche Weise sie ihre Opfer umgebracht hatten. Sie versuchten die Zahl der Opfer zusammenzuzählen, die jeder Einzelne getötet hatte. Einige sagten zehn, andere 15 usw.

Gegen fünf Uhr nachmittags kamen wir an Chitucán vorbei. Alle Häuser waren verlassen. In einem von ihnen fand ich Wasser. Es war dreckig, aber ich trank es, weil ich am Verdursten war. Wir hatten auch den ganzen Tag nichts gegessen. Der Patrullero Fermín Lajuj Xitumul wurde an einer ebenen Stelle bei Chitucán ohnmächtig. Sie gaben ihm Urin zu trinken, um ihn wieder zu beleben. Er war ausgetrocknet.

Gegen sechs Uhr abends verließen wir Chitucán und kamen um elf Uhr nachts in Buena Vista an. Die Patrulleros vor Ort gaben uns kalten Tee. Nachdem wir eine Weile ausgeruht hatten, gingen wir weiter bis nach Xococ. Dort kamen wir um Mitternacht an. Die Patrulleros, die Kinder aus Río Negro mitgenommen hatten, meldeten sich beim Hauptmann José Antonio González Solares. Er sollte über die Zukunft der Kinder entscheiden. Er konnte den Befehl geben, sie zu töten oder zu retten. Der Hauptmann sagte:

Leute, warum habt ihr nicht alle Kinder verschont und nur die Frauen umgebracht?

In der katholischen Kirche erwartete man uns, um uns zu essen zu geben. Sie hatten Rindersuppe vorbereitet. Ich konnte nichts essen, weil ich das Gefühl hatte, dass es Menschenfleisch war. Diese Nacht schliefen wir auf dem Marktplatz von Xococ. Ich blieb an der Seite von Pedro González. Ich konnte nicht ruhig schlafen. Ich hatte die ganze Nacht Alpträume.

Am Morgen des 14. Märzes 1982 nahm Pedro mich mit in sein Haus. Ich gewöhnte mich nicht daran, mit ihm zu leben. Sie gaben mir zu essen, aber ich aß nicht. Ich wollte in mein Dorf zurückkehren, um zu erfahren, was mit meinen Geschwistern und den ermordeten Frauen und Kindern passiert war. Ich weinte mehrere Tage lang und sagte Pedro, ich wolle nach Río Negro zurück. Er antwortete:

Ich werde dem Armeeoffizier Bescheid geben, dass du in dein Dorf zurück willst. Er wird entscheiden, ob er dich dorthin schickt oder dich umbringt.

Ich weinte jeden Tag. Ich war allein, traurig, ohne Eltern, ohne irgendjemanden, der sich um mich kümmerte. Ich versuchte die Erinnerungen an die Gewalt zu vergessen, indem ich mit den anderen Kindern spielte. Dies war nicht leicht. Zuerst musste ich das Vertrauen der Anderen gewinnen, damit sie mich mitspielen ließen.

Die Stunden, in denen sie die Frauen und Kinder umgebracht haben, werde ich nie vergessen. Noch heute erinnere ich mich an die Schreie und Gewehrschüsse an jenem ausgetrockneten Bach.

Kapitel 8

Mein Leben bei dem Verbrecher

Ohne Freiheit

Die kleinen Kinder kauen Elend
und schlucken Schrecken,
rennen ohne zu wissen
wohin:
wie weh es tut, Waise zu sein!

Die gelbe Blume der Gräber
Humberto Ak'abal

Das Leben, das ich bei Pedro González Gómez führte

Am 14. März 1982 begann für mich ein unsicheres Leben. Ich wusste nicht, was mich erwartete. Ich wusste nicht, wie mein Leben mit Pedro González sein würde. Bald merkte ich, dass ich ein Sklave dieses Patrulleros sein würde. Mehr als zwei Jahre war mein Leben von Leid, Schmerz und Tränen geprägt. Ich hatte keine Hoffnung, von irgendeinem Verwandten oder Freund gerettet zu werden. Ich war der Diener dieser Familie. Während der Sommerzeit machte ich Petates. Sie schlugen mich mit einem Stock auf die Hände, wenn ich die Petates nicht gut geflochten habe. Im Winter pflügten wir mit Ochsen die Felder.

Einmal ließ mich Pedro als Ochsenführer arbeiten. Ich musste dafür sorgen, dass die Tiere gut arbeiteten. Da ich Sandalen trug, konnte ich nicht vor den Ochsen herlaufen. Eines Tages stolperte ich, und als er sah, dass ich auf den Boden gefallen war, trieb er die Tiere an, um mich umzubringen. Gott sei Dank liefen die Tiere nur über mich hinweg und brachten mich nicht um. Ich erlitt einige Verletzungen, die durch den Pflug hervorgerufen worden waren. Öfters jäteten wir das Maisfeld mit einer Hacke. Ich musste im gleichen Rhythmus arbeiten wie Pedro. Wenn ich zurückblieb, schlug er mich mit dem Stiel der Hacke auf den Kopf.

Um das Maisfeld gründlich zu jäten, musste ich mich sehr oft bücken. Davon bekam ich starke Schmerzen im Rücken, so dass mir die Tränen kamen. Pedro sagte mir, dass meine Eltern Guerilleros gewesen seien und dass sie mir deshalb nicht beigebracht hätten zu

108

arbeiten. Sie hätten mir nur beigebracht, wie man stiehlt und Menschen auf der Straße überfällt.

Die Leute fragten mich nach meiner Herkunft. Ich sagte ihnen, dass ich aus Río Negro komme. Einmal, bei einer religiösen Bruderschaft in Rabinal, kam eine Frau auf mich zu und fragte mich nach meinen richtigen Eltern. Ich antwortete, dass meine Eltern in Xococ ermordet worden waren und fing an, ihr alles zu berichten, was ich in Río Negro gesehen hatte. Ich erzählte ihr auch, auf welche Weise sie meine Leute und meinen kleinen Bruder umgebracht hatten, und sagte ihr, dass Pedro ein Mörder war.

Als ich mit meinem Bericht fertig war, bemerkte ich, dass Pedros Ehefrau hinter mir saß. Sie hatte alles mit angehört. In dieser Nacht schlug mich Pedro, weil ich der Frau die Geschichte erzählt hatte.

Ein anderer Vorfall, an den ich mich erinnere, fand am 13. Mai 1982 statt. An diesem Tag sah ich, wie die Patrulleros Xococ verließen, um die umzubringen, die nach Los Encuentros geflohen waren.[49]

Am 16. Mai 1982, vier Tage nachdem die Patrulleros Xococ verlassen hatten, beobachtete ich ihre Heimkehr ins Dorf. Es war gegen vier Uhr nachmittags. Ich kam von der Arbeit im Dorf Patixlán und traf sie in der Nähe der Kirche von Xococ. Als ich an ihnen vorüber ging, bemerkte ich einen Geruch von Blut, der mich an das Massaker in Río Negro erinnerte.

---

[49] Wie in Los Encuentros 79 Flüchtlinge aus Río Negro getötet worden sind, wird in Kapitel 10 berichtet.

Ich wusste, dass sie losgezogen waren, um noch mehr Menschen aus meinem Dorf zu töten. Sie trugen schwere Waffen und im Gesicht rote Halstücher.

Etwas anderes passierte mir im Monat Juli des Jahres 1982. Sie schickten mich fort, um Nixtamal[50] in einer Mühle abzugeben. Ich nahm einen der Mahlsteine mit, den sie zum Mahlen benutzten. Diesen Mahlstein benutzte ich, um unterwegs zu spielen, wenn ich auf den Berg ging, um Brennholz zu holen. Nach einigen Tagen beschwerte sich der Besitzer der Mühle bei Pedro González. Wenig später musste Pedro morgens auf Patrouille gehen und war sehr verärgert wegen der Sache mit dem Mühlstein. Daher hängte er mich mit einem Seil um den Hals an einem der Querbalken der Küche auf. Ich starb fast vor Schmerz und Qual. Seine Ehefrau gab mir Wasser, und als ich es nicht annahm, zwang sie mich es zu trinken. Nach dieser Bestrafung schickte er mich auf den Berg zum Holz holen.

In den beiden Jahren, die ich bei Pedro González lebte, schickte er mich mit den 14- und 15-jährigen Jugendlichen, die dort Dienst taten, zum Sitz der Kommandantur der PAC.

Eines Nachts hörte ich Frauen und Kinder in einem Haus schreien, das die Patrulleros als heimliches Gefängnis benutzten. Ich erfuhr nie, aus welchem Dorf die armen Frauen und Kinder kamen, die gefoltert wurden.

Sie brachten einen Mann, der in eine LKW-Plane eingewickelt war, einen Haufen Vieh und ein Mädchen mit, das dieses Massaker

---

[50] Nixtamal: in Kalkwasser halb weich gekochter Mais, der zur Herstellung von Tortillas benutzt wird.

überlebt hatte. Die Patrulleros begingen viele Massaker. Sie sind auch verantwortlich für das Massaker von Agua Fría[51]:

Ich sah, wie die Patrulleros Xococ gegen acht Uhr morgens verließen. Sie schlugen den Weg ein, der zum Stausee führt und der sie direkt in das Dorf Agua Fría bringen würde.

Am selben Morgen gingen Ángel, Pedros Schwager, und ich auf den Berg, um Brennholz zu holen. Auf dem Weg wollte ich herausfinden, was die Patrulleros vorhatten, und fragte Ángel danach. Er sagte mir, dass sie nach Agua Fría gegangen seien. Ich wusste bereits, was sie dort machten, weil die Männer ihren Frauen zwei Tage zuvor erzählt hatten, dass sie alle Menschen aus Agua Fría umbringen müssten. Dort in Xococ erfuhr ich von allen Aktionen, die die Soldaten und die Patrulleros geplant hatten, um die Dorfbevölkerung umzubringen.

Der 27. Juli 1982 ist ein Datum, an das ich mich genauestens erinnere, weil ich in dieser Nacht nicht schlafen konnte und Pedros Ehefrau mich schlug. Als ich endlich eingeschlafen war, kamen mir die blutigen Taten in meinem Dorf in Erinnerung. Ich erwachte schreiend. Es war gegen vier Uhr morgens und ich konnte nicht wieder einschlafen. Plötzlich hörte ich Schüsse aus einem M 1, ein Gewehr, das üblicherweise von Patrulleros und Guerilleros benutzt wurde. Die Schüsse dauerten fast eine Stunde. Bei Tagesanbruch wollte ich unbedingt wissen, was passiert war. Ich ging erst zum Markt und dann in die Kommandantur der Patrulleros. Sie hatten 18 Männer in olivgrünen Uniformen aus Xococ, Pichec, Río Negro,

---

[51] Dieses Massaker, bei dem am 14. September 1982 insgesamt 92 Personen jeden Alters getötet worden sind, wird in Kapitel 10 beschrieben.

Canchún und Chitucán getötet, denen man vorwarf, Guerilleros zu sein. Die Leichen wurden nach Chitón überführt, wo sie verbrannt wurden.

Zwei Tage später hörte ich das Gerücht, dass sie einen Guerillero namens Andrés Tum aufgespürt hätten. Die Neugier trieb mich an den Ort, an dem sich der Gefangene befand. Ich mischte mich unter die Patrulleros und schaffte es, bis zum Gefangenen zu gelangen. Ich war überrascht, als ich ihn sah, denn er kannte mich und ich kannte ihn. Ich bemerkte, dass sein Bein von Granatsplittern durchlöchert war und dass aus seinen Wunden Würmer herauskamen. Der Gefangene, Andrés Tum, war früher Militärkommissar von Río Negro gewesen, aber er hatte sich der Guerilla angeschlossen, um den Tod all der Unschuldigen zu rächen, die in Río Negro ermordet worden waren.

Am 14. September 1983 raubten die Patrulleros und der Leutnant Roberto García Díaz das ganze Vieh der ermordeten Dorfbevölkerung. Die Patrulleros schlachteten die gestohlenen Tiere und teilten sie in Stücke. Denjenigen, die an den Massakern beteiligt gewesen waren, gaben sie Fleischstücke, den anderen ließen sie nur Knochen für die Suppe übrig.

Am 15. September 1983 nahmen alle Patrulleros der PAC von Xococ und ein Trupp Frauen in Militäruniformen am Umzug zum Gedenken an die Unabhängigkeit Guatemalas teil.

Im Monat November des Jahres 1983 fuhren Pedro und ich zu einer Plantage, um bei der Baumwollernte mitzuhelfen. Nach einem Monat kehrten wir nach Hause zurück und bemerkten, dass ein Stier verloren gegangen war. Wir fingen sofort an, nach ihm zu suchen, und suchten ihn einige Monate lang. Pedro ärgerte sich über den Verlust des Tieres. Eines Tages sagte er mir, dass er mich in Chwitinamit[52] umbringen würde, wenn ich den Stier nicht fände. Ich hatte schreckliche Angst.

Deshalb kehrte ich nicht nach Hause zurück, sondern ging nach Buena Vista. Dort gab es ein Fest. Als ich ankam, wurde gerade der Los Costeños[53] getanzt. Ich blieb die ganze Zeit bei den Tänzern.

Ich hatte großen Hunger und die einzige Möglichkeit, an etwas Essbares zu kommen, war, mich unter die Tänzer zu mischen.[54] Sie gaben mir ein bisschen von dem Essen ab, dass sie erhielten. Jene Nacht blieb ich im Dorf. Bei Sonnenaufgang ging ich nach Hause, traf dort aber niemanden an. Verwandte von Pedro sagten mir, dass ich flüchten müsse, weil er vorhätte, mich zu töten. Ich nahm etwas zu essen aus der Küche mit und versteckte mich in einem alten Haus im Weiler El Rodeo. Den Besitzer des Hauses lernte ich nie kennen. Ich nahm mir einige Decken, die sie für die Pferde benutzten, legte eine auf den Boden und deckte mich mit den übrigen zu. Dann schlief ich ein.

Am nächsten Tag schlug ich den Weg ein, der nach Vega de Santo Domingo führt. Ich war gerade einen Hügel hinaufgestiegen, als mich ein Patrullero einholte. Er hielt mich an und befragte mich. Ich sagte ihm, dass ich auf der Suche nach einem Stier von Pedro González sei. Einen Augenblick lang überlegte ich, ob ich ihn nicht mit meiner Machete, die ich am Gürtel trug, angreifen sollte, aber ich

---

[52] Ein heiliger Ort der Maya bei Rabinal.
[53] Los Costeños: Volkstanz aus Rabinal.
[54] Es ist üblich, die Tänzer nach ihrer Aufführung mit Essen und Getränken zu bewirten.

beherrschte mich. Er packte mich am Arm und brachte mich zur Kirche von Xococ. Die Militärkommissare schimpften mich aus. Sie gaben Pedro Bescheid, dass sie mich gefunden hatten. Er kam und erzählte den Militärkommissaren, ich wäre geflohen, um von der Guerilla trainiert zu werden.

Die Paramilitärs schimpften und sagten, dass ich in Pedros Haus zurückkehren müsse. Wenn ich mich widersetze, würden sie mich zum Militärstützpunkt von Rabinal schicken. Ich erschrak und beschloss, in Pedros Haus zurückzukehren. Die Militärkommissare zwangen mich dazu, mich vor dem Mörder hinzuknien und ihn um Entschuldigung zu bitten. Sie sagten, dass ich ihm Respekt schulde, weil er mein Leben gerettet hatte und weil er mir zu essen gab. Ich tat es, weil ich dazu gezwungen war. Der Stier ist nie wieder aufgetaucht.

Diese Ereignisse haben mich an die Grausamkeit der Patrulleros und Soldaten erinnert. Sie haben ihr eigenes Volk mit Schmerzen und Tränen überzogen. Schon oft hat man mich gefragt, warum mein Leben so voller Misshandlung und Massakern gewesen ist, und ich selbst habe mich auch immer gefragt, warum die Massaker meine Leute und meine Familie getroffen haben.

Im Juli 1983 hatte der General Efraín Ríos Montt[55] eine Amnestie angeordnet. Dieses Gesetz galt auch für alle, die in die Berge geflohen waren. Meine Schwester Laura nutzte diese Amnestie und stellte sich dem Militärstützpunkt von Rabinal. Dort wurde sie von den Soldaten verhört. Nach mehreren Tagen des Verhörs wurde sie in das Modelldorf[56] Pacux überführt, wo sie zurzeit lebt. Als sie sich dem Militärstützpunkt stellte, wusste sie bereits von meinem Schicksal. Sie hatte erfahren, dass ich in Xococ lebte und wollte mich sehen. Im November 1983 machte sie sich auf, um mich zu besuchen,

---

[55] General Efraín Ríos Montt gelangte 1982 durch einen Putsch an die Macht. Er startete den „Nationalen Plan für Sicherheit und Entwicklung" („Plan Nacional de Seguridad y Desarrollo" – PNSD). Die Umsetzung des PNSD begann mit der Militärkampagne „Victoria `82" („Sieg `82"). Mit Massakern, der Zerstörung ganzer Dörfer und systematischen Vertreibungskampagnen – so genannten Sweeping Operations sollte das Territorium zunächst von Aufständischen „gesäubert" werden. Die Mehrheit der während der nur 18 Monate dauernden Herrschaft von Ríos Montt ums Leben gekommenen 75 000 Menschen starb im Rahmen dieser Kampagne zwischen April und November 1982. Bis Anfang 1983 flohen aus den Departements Quiché, Huehuetenango, Alta Verapaz und Chimaltenango 1,3 Millionen Menschen. Rund 440 Dörfer wurden völlig zerstört und niedergebrannt.

[56] Die Armee brachte die zuvor vertriebenen Menschen oft zunächst in „Umerziehungslagern" unter, unterzog sie eingehenden Befragungen und siedelte dann ab 1983 viele von ihnen in neu errichteten „Modelldörfern" (aldeas de modelo) an, die man besser „Wehrdörfer" nennen sollte. Sie wurden unter dem Gesichtspunkt ihrer Kontrollier- und Beobachtbarkeit geplant und ab 1984 zu so genannten „Entwicklungspolen" (polos de desarrollo) zusammengeschlossen. Zeitweise lebten 60.000 Personen in „Modelldörfern" und mindestens 500.000 in „Entwicklungspolen". Dort war der Alltag der Menschen von einer Neuauflage der Zwangsarbeit geprägt. Die Männer mussten auf Baustellen für neue Armeestützpunkte, Flugpisten, Modelldörfer und Straßen arbeiten, während die Frauen für die Verköstigung von Soldaten und Internierten zuständig waren. Nach der Arbeit wurden ihnen ideologische Vorträge gehalten oder sie erhielten militärisches Training.

aber sie traf mich nicht an. Ich war gerade an der Südküste mit Pedro. Meine Schwester sprach mit Pedros Ehefrau und diese sagte ihr:

> *Jesús ist nicht da, er ist mit seinem Vater an der Südküste.*

Sie fragte auch die Patrulleros. Einer von ihnen, Gabriel Cuxum Alvarado, sagte ihr:

> *Wir haben alle Menschen aus Río Negro auf einem Berg getötet, nur dein Bruder konnte sich retten.*

Als ich von der Südküste nach Hause kam, erzählte mir Pedros Ehefrau, dass meine Schwester gekommen war, um mich zu besuchen. Ich glaubte ihr nicht und dachte, sie würde lügen.

Als ich meine Schwester das erste Mal sah, wollte ich nicht mit ihr sprechen, weil sie laut Pedro zur Guerilla gehörte. Ich hatte große Angst, mit ihr zu sprechen, weil sie mir gesagt hatten, dass die Armee sie jeden Augenblick umbringen könnte.

Das zweite Mal traf ich sie im Stadtzentrum von Rabinal. Dort wollte ich auch nicht mit ihr sprechen. Sie wollte ein Gespräch beginnen und fragte mich eindringlich nach dem Verbleib meiner Eltern und meiner Geschwister. Ich sagte nur:

> *Ich weiß nichts, ich weiß nichts.*

Sie bestand auch darauf, mich nach Pacux mitzunehmen, damit ich das Erbe unserer Eltern antreten könne. Der Besitz war auf den

Namen der INDE eingetragen und die Funktionäre konnten ihn meiner Schwester nicht geben.[57]

Als meine Schwester Laura immer wieder nach meinen Geschwistern fragte, sagte ich ihr, dass alle gestorben waren. Niemals wollte ich ihr jedoch erzählen, auf welche Art einer unserer Brüder gestorben war. Jedes Mal, wenn sie nach ihnen fragte, erinnerte ich mich an die Grausamkeiten, die ich gesehen hatte, und litt unter den Schmerzen und den Qualen.

In diesem Jahr, 1984, leitete meine Schwester die nötigen Formalitäten bei den zuständigen Behörden ein, um mich aus den Händen meines Entführers zu retten. Pedro González erfuhr, dass ich mit meiner Schwester gesprochen hatte und bedrohte mich. Er sagte mir, dass er alle Leute in Pacux umbringen werde, wenn ich zu meiner Schwester gehen würde.

Er wiederholte immer, dass die Menschen aus Pacux der Guerilla angehört hätten. Um ihn zu beruhigen, sagte ich ihm, dass ich nicht aus seinem Haus weggehen würde, ich würde nirgendwo hingehen.

Am 15. März 1984 erhielt Pedro González eine Vorladung beim Bürgermeister von Rabinal, in der darauf hingewiesen wurde, dass er

---

[57] Damals stellte die INDE nur denjenigen Personen ein Haus und Land als Entschädigung für den in Río Negro überschwemmten Besitz zur Verfügung, die noch keine Unterkunft hatten. Nachdem Laura jedoch bereits verheiratet war, lebte sie gemeinsam mit ihrem Mann in dem Haus, das diesem rechtmäßig zustand. Somit war sie vom Erbe ausgeschlossen und nur Jesús konnte diese Ansprüche geltend machen, da alle anderen nahen Familienangehörigen bei den Massakern in Río Negro und Xococ ums Leben gekommen waren.

am 19. März mit dem Minderjährigen Jesús Tecú Osorio erscheinen müsse. Daraufhin begann Pedro, mich unter Druck zu setzen. Er fragte mich, ob ich bei ihm wohnen bleiben wolle oder ob ich es vorzöge, zu meiner Schwester zu gehen. Am 19. März stand ich früh auf und wusch mich. Ich wusste nicht, ob ich bei meiner Schwester bleiben oder zu Pedro und seiner Ehefrau zurückkehren würde.

Sie sagten mir, dass ich nicht bei meiner Schwester Laura bleiben dürfe und dass ich, wenn der Bürgermeister darauf bestünde, mich bei ihr zu lassen, schnell aus dem Rathaus fliehen solle. Gegen neun Uhr morgens begannen sie ein Dokument aufzusetzen, in dem festgelegt wurde, dass meine Schwester das Sorgerecht hatte. Der Bürgermeister sagte mir, dass ich ab diesem Tag unter Lauras Verantwortung leben würde.

In diesem Moment rannte ich aus dem Rathaus, wie Pedro es von mir verlangt hatte. Lauras Ehemann hielt mich fest und brachte mich zurück zu ihr. Dann gingen wir nach Pacux. Als mein Schwager mich einholte, beschuldigte ich ihn, ein Guerillero zu sein. Ich machte es aus Unwissenheit, weil ich die Tatsachen nicht kannte. Alles, was Pedro mir über meine Schwester gesagt hatte, waren Lügen. Ihm ging es nur darum, mich bei ihm zu behalten. Ich hatte ihm immer geglaubt, dass meine Schwester und mein Schwager Guerilleros seien.

Kapitel 9

Ein anderes Leben

Von meiner Schwester gerettet

Kleine Vögel auf den Felsen
Güis-guïl, Tuc-tuc, Chaper-pantuj,
kommt, weint mit mir,
meine Trauer ist groß,
die Wunde schmerzt.
Unsere cacaxte[58] ist voller Leiden,
wir verstecken uns, damit sie nicht lachen,
wenn wir weinen,
Flüsse schlucken unsere Tränen.

Die gelbe Blume der Gräber
Humberto Ak'abal

---

[58] Cacaxte (gesprochen Kakasch-te), ist ein großer Metallkorb, der von vier Holzstäben zusammengehalten wird. Er liegt auf dem Rücken auf, wird mit einem Band über der Stirn befestigt und so mit dem Kopf getragen. Dank der Erfindung von Säcken werden Cacaxtes heute kaum mehr benutzt.

Mein Leben bei Laura

Es waren kaum zwei Tage vergangen und schon schickte mich meine Schwester in die Schule. Ich ging morgens zur Schule und arbeitete am Nachmittag. Die freien Tage nutzte ich zum Ballspielen.

Durch die Anwesenheit meiner Schwester veränderte sich mein Leben entscheidend. Ich fühlte mich frei und selbstbewusst.

Jesús mit seiner späteren Ehefrau Isabel und Schwester Laura (re.)

Leider konnte ich nur drei Jahre lang in die Schule gehen. Meine Schwester lebte in extremer Armut und konnte kein Geld für den Schulbesuch aufbringen, sondern nur für das Essen. Als ich diese Situation sah, beschloss ich, an die Südküste zu fahren und in der Baumwollernte zu arbeiten. Man zahlte uns dort 1 Quetzal pro Zentner geernteter Baumwolle. Auf der Plantage sprachen wir mit anderen Menschen über die Geschichte unserer Gemeinden. Sie zu erzählen oder zu hören verursachte mir große Schmerzen. Ich hätte oft weinen können, aber aus Scham tat ich es nicht.

Ich arbeitete auf den Plantagen, auf denen schon meine Eltern gewesen waren. Dort musste ich oft an sie denken. Dies weckte angenehme Erinnerungen in mir. Ich durchlebte von neuem, wie ich meinen Vater zum Laden begleitet hatte oder wie wir alle zusammen in unserem Schuppen gegessen hatten. Ich sah auch den Ort, an dem meine Brüder und ich gespielt hatten. Es waren sehr schwierige Augenblicke, wenn ich mich an meine Familie erinnerte, aber es waren auch Momente tiefen Nachdenkens, in denen ich lernte, für das Leben zu kämpfen und die Vergangenheit zu verstehen.

Fahrt zur Küste

Eine der härtesten Fahrten, die ich gemacht habe, ging zum Landgut Las Nubes, das sich bei der Stadt Guazacapán im Departement Santa Rosa befindet. Dort befreite ich Kaffeepflanzungen von Unkraut.

Man zahlte dort 3 Quetzales pro Quadratcuerda[59] Kaffeeplantage, wofür ich mehr als drei Arbeitstage brauchte. Dies entmutigte mich und ich wechselte zu einer anderen Plantage. Ich hatte 3 Quetzales in der Tasche, mit diesem Geld reiste ich mit meinen Arbeitskollegen weiter und suchte eine andere Arbeit. Das Geld brauchte ich für die Fahrtkosten und so blieb nichts fürs Essen übrig. Über zwei Tage musste ich hungern; ich nahm lediglich Flusswasser zu mir.

Erst am vierten Tag konnten wir bei einem Contratista aus Rabinal Arbeit finden. Er war für eine Arbeitergruppe der Plantage La Máquina verantwortlich, die sich in der Nähe der Stadt Masagua im Departement Escuintla befand. Die Arbeit war Zuckerrohrernte, aber ich hätte mir nie vorgestellt, dass es so eine Hölle für mich würde. Ich ertrug die Hitze nicht und bekam eine Allergie am ganzen

---

[59] Eine Cuerda entspricht 716 m.

Körper durch die feinen brennenden Härchen des Zuckerrohres. Mir kamen vor Schmerz die Tränen.

Nach sechs Tagen sprach ich mit dem Contratista, ob er mir das Fahrgeld für die Rückfahrt nach Rabinal geben könne. Der Contratista war ein sehr guter Mensch. Er bezahlte mir die zwei Arbeitstage. Ich verließ die Plantage mit anderen Arbeitskollegen und wir gingen in die Hauptstadt. Dort wurden wir überfallen und die Diebe raubten uns das Geld, das wir für Essen und Fahrt dabei hatten. Wir mussten zu Fuß bis zum Busunternehmen laufen. Wir baten die Busfahrer, die nach Rabinal fuhren, uns ohne Bezahlung in unser Dorf mitzunehmen. Natürlich ging niemand darauf ein.

Ein Arbeitskollege fällte die Entscheidung, eine gehäkelte Tasche, die er bei sich trug, zu verkaufen, um das Geld für unsere Fahrkarten zusammenzukriegen. Das schaffte er und so konnten wir in unser geliebtes Rabinal zurückkehren.

Das Leid, das ich in den zehn Jahren als Waise durchgemacht habe, half mir das Leid anderer Menschen zu verstehen. Es machte mich menschlicher. Wir alle waren Überlebende und teilten unseren Schmerz, um unsere Angst zu ersticken.

Manchmal habe ich gedacht, das tragische Schicksal werde mich nie loslassen. Zur den Grausamkeiten, die ich schon erlebt hatte, kam ein anderes unangenehmes Geschehen hinzu: Mein Schwager griff meine Schwester körperlich und psychisch an. Einmal schlug er sie so arg, dass meine Schwester fast tot war. Ich konnte solche aggressiven Übergriffe nicht ertragen. Ich mischte mich in den Kampf ein, um sie zu verteidigen. Ich nahm ein Eisenteil und schlug ihn auf den Kopf. Ich glaube, dass dieser Schlag meinen

Schwager zum Nachdenken gebracht hat, weil er seit diesem Tag Laura nie wieder angegriffen hat.

Aber nicht alles war traurig. Manchmal versammelten wir uns, um uns von den Dingen zu erzählen, die wir in unseren Häusern machten, von den angenehmen Dingen. Dies taten wir, um die Traurigkeit ein bisschen zu vergessen. Einige Male trafen wir uns und diskutierten über die gewaltsamen Auseinandersetzungen. Die Schlussfolgerung, zu der wir gelangten, war, dass nicht alle Menschen aus Río Negro auf der Seite der Guerilla gewesen sind. Wenn die Dorfgemeinschaft tatsächlich eine so enge Beziehung zu den Umstürzlern gehabt hätte, wäre es für die Armee und die Patrulleros nicht so einfach gewesen, die ganze Bevölkerung zu ermorden. Wir stellten fest, dass das alles Lügen waren, dass hinter den Massakern bestimmte Leute gestanden hatten, die das Dorf umsiedeln wollten.

Im Militärstützpunkt

Nachdem wir sieben Jahre in Pacux gelebt hatten, konnten wir schon über die Ereignisse sprechen, die wir in unseren Dörfern hatten ertragen müssen. Wir taten dies, wenn wir uns in den Läden, auf der Straße oder bei den Totenwachen trafen, obwohl dies eigentlich noch nicht angebracht war, weil wir noch in unsicheren Verhältnissen lebten.

Unter diesen Geschichten war eine Geschichte, die ein Herr berichtet hat, welche mich sehr betroffen gemacht hat. Er erzählte mir davon, weil er diese Tragödie selbst erlebt hatte. Er war Botengänger von César Valdizón gewesen, dem schlimmsten Mörder von Rabinal.

Am 15. September 1981 erteilte ihm sein Chef die Erlaubnis, Pause zu machen. Es war gegen sechs Uhr Abends. Er schlug die Straße ein, die zum Parque Infantil[60] führte. Überraschenderweise tauchte ein Jeep auf, in dem zwei Offiziere der Armee saßen. Sie befahlen ihm einzusteigen. Sie nahmen den Weg, der zum Militärstützpunkt führte.

Dort traf er auf andere Männer. Sie alle waren für einen Spezialauftrag vorgesehen. Gegen neun Uhr nachts kamen drei eigenartige Lastwagen auf den Militärstützpunkt gefahren. Ein Soldat trat heran und nahm die Männer mit zu einer Stelle, wo hunderte von Leichen aufgestapelt waren. Sie zwangen sie, alle Opfer auf die Lastwagen zu heben. Sie packten sie an Händen und Füßen und warfen sie auf die Ladefläche. Die Opfer waren niedergemetzelt worden. Die Körper waren noch warm. Gegen zehn Uhr nachts hatten sie es geschafft, die drei Lastwagen zu füllen. Sie waren erschöpft, aber wurden gezwungen, auf den Lastwagen zu steigen.

Als sie nach La Cumbre de Santa Elena kamen, wurden sie von Polizisten kontrolliert. Als diese merkten, was die Lastwagen geladen hatten, ließen sie sie passieren. Bei der Ankunft in El Rancho[61] wurden sie erneut von der Polizei kontrolliert, durften aber wieder weiterfahren. Die Lastwagen schlugen die Straße ein, die nach Puerto Barrios führt. Sie fuhren etwa zehn Minuten weiter.

---

[60] Der Parque Infantil ist ein Sport- und Spielplatz in Rabinal.
[61] Größerer Ort an der Hauptstraße, die von Guatemala Stadt nach Puerto Barrios an der Ostküste führt

Die Lastwagen bogen von der Straße ab; dort wurden die Leichen der dreihundert ermordeten Campesinos abgeladen. Diese Geschichte hat mich wirklich betroffen gemacht, weil es nicht nur das Werk der Soldaten, sondern auch der Judiciales war.

Im Monat März des Jahres 1989 kehrte ich nach Río Negro zum Arbeiten zurück. Unsere Arbeit bestand im Abbau von Mineralien. Bei der Rückkehr in mein Heimatdorf hatte ich viele falsche Hoffnungen. Ich wollte die Stätte sehen, an der sie die Kinder und Frauen ermordet hatten. Meine Absicht war, die Stelle wieder zu finden, an der die Leichen gelegen hatten.

Bei der Ankunft in Río Negro hatte ich ein seltsames Gefühl. Mein Dorf fehlte mir! Es war das erste Mal, dass ich zurückkehrte, seit an jenem 13. März 1982 Patrulleros und Soldaten unsere Geschwister ermordet hatten. Ich konnte mich gut an die Grausamkeit der Mörder erinnern. In den ersten 14 Arbeitstagen beherrschte ich mich und suchte Pak'oxom, den Ort des Massakers, nicht auf. Ich hatte große Angst, weil die Soldaten die Bevölkerung immer noch kontrollierten. Als erstes suchte ich mein Haus auf. Es sah traurig und still aus. Ich trug das Bild unseres Hauses und das Lächeln meiner Geschwister in mir. Als ich vor dem Haus war, konnte ich die Wärme meiner Geschwister und meiner Eltern spüren. Ich beachtete nicht, dass mir die Tränen über das Gesicht liefen. Es war mir egal, dass ich weinte, weil ich wusste, dass dies mir half, die Wunden der Vergangenheit zu heilen.

Erst in der dritten oder vierten Arbeitswoche traute ich mich, nach Pak'oxom hinaufzusteigen. Als ich dort ankam, erinnerte ich mich sofort daran, wie barbarisch die Patrulleros und die Soldaten am Tag des Massakers vorgegangen waren. Mir kamen die Qualen, die Schreie und das Weinen der Frauen und Kinder ins Gedächtnis. Dort waren die Steine und die Bäume, die die Mörder benutzt hatten, um meine Leute zu töten. Sie waren und bleiben stumme Zeugen dieses schrecklichen Ereignisses. Wenn die Bäume und Steine sprechen könnten, würden sie uns von den Grausamkeiten der Mörder des 13. Märzes erzählen.

Es kostete mich einiges an Überwindung, mich dem Bachbett zu nähern, in dem die menschlichen Überreste lagen. Die Skelette lagen auf der Erde. Die Schädel lagen zwischen Steinen verstreut. Aus Versehen hob ich einen Schädel auf. Ich glaubte, es sei ein Stein. Ich war mir sehr sicher, dass der Schädel, den ich aufgehoben hatte, von einer Frau war, vielleicht von meiner großen Schwester.

Donnerstags und sonntags traf ich die Patrulleros, die an den Massakern teilgenommen hatten. Ich sah sie so ruhig am Marktplatz von Rabinal, dass mir manchmal die Wut hochkam, weil ich wusste, was sie mit unseren Geschwistern gemacht hatten. Ich verbarg meine Wut auf sie nicht. Ich wollte nicht so sein wie sie. Ich konnte nicht feige gegen Frauen und Kinder handeln, geschweige denn mir die Hände und das Gewissen mit dem Blut tausender Unschuldiger beschmutzen. In den Momenten der Einsamkeit sehnte ich mich nach der Wärme meiner Geschwister, besonders nach Jaime, meinen kleinen Bruder, den sie mir aus den Armen gerissen hatten. Ich fand keine Erklärung für all diese Gräueltaten in unserem Dorf. Manchmal machte ich mir Luft und weinte. Danach fühlte ich mich besser.

Ich frage mich: Warum mussten diese Gräueltaten, die sich meinem Gedächtnis eingeprägt haben und kaum zu vergessen sind, geschehen?

Kapitel 10

Warum kleine Kinder verhungert sind

Das Schicksal der aus Río Negro Geflohenen

Ist es etwa ein Verbrechen Indio zu sein?
Vor 500 Jahren begann diese Verfolgung.
Sie töten Indios unter jeglichem Vorwand:
Sie haben Siedlungen ausgelöscht und
ganze Dörfer.
Wir leben in Elend und Traurigkeit,
Doch noch hält unsere Kultur stand.

Die gelbe Blume der Gräber
Humberto Ak'abal

Der Leidensweg der Überlebenden

Am 14. März 1982 flüchteten sich alle Überlebenden in das Umland von Río Negro. Erinnern wir uns daran, dass die Bewohner von Panima' vier Massaker in einem einzigen Jahr erlitten haben: die Massaker von Xococ, Río Negro, Los Encuentros und Agua Fría. Einige Kinder waren auf einmal schutz- und hilflos geworden, weil ihre Eltern und Geschwister von den Soldaten und Patrulleros ermordet worden waren. Das Schicksal dieser Waisen lag in den Händen von Freunden oder nahen Angehörigen, die für sie sorgen mussten.

Diese kleinen Kinder drohten vor Hunger zu sterben, zu verdursten oder wurden krank, weil das Leben, das sie in den Bergwäldern führten, schwierig war.

Flüchtlinge in den Bergwäldern (CIRMA)

Die Geflohenen konnten kein offenes Feuer machen, weil der Rauch den Ort verriet, an dem sie lebten, und Soldaten mit Helikoptern kamen, um den Unterschlupf der Überlebenden zu bombardieren. Es gab keine Möglichkeit, Essen für die Kinder zu kochen, deshalb mussten sie alles roh zu sich nehmen. Viele kleine Kinder hielten diese Art des Lebens nicht aus und starben. Sie sind in den

Bergen begraben worden, weil Freunde und Verwandte sie nicht zum Friedhof von Río Negro bringen konnten.

Die Alten erlitten dasselbe Martyrium. Sie starben an Nahrungsmangel und vor Erschöpfung; ihre Leichname wurden in zerklüftetem Gelände oder in ausgetrockneten Flussbetten zurückgelassen. Die Überlebenden flüchteten sich in unwegsames Gelände, aber die Mörder fanden immer wieder welche und richteten sie an Ort und Stelle hin.

Am 13. Mai 1982, gegen acht Uhr morgens, gingen zivilen Selbstverteidigungspatrouillen und die guatemaltekische Armee in Xococ los. Es waren ungefähr achtzig Männer.

Sie kamen am 14. Mai im Morgengrauen in dem Dorf Agua Fría an und bedrohten die ganze Dorfgemeinschaft, weil sie sie verdächtigten, die Guerilla zu unterstützen. Sie wiesen sie darauf hin, dass sie, wenn sie sich weiterhin mit den Subversiven solidarisierten, wie die Leute von Río Negro hingerichtet werden würden.

Die Armeeangehörigen und die Patrulleros verließen Agua Fría um zwölf Uhr mittags in Richtung Pueblo Viejo, wo der Staudamm gebaut wurde. Dort arbeiten Mitarbeiter der Firma COGEFAR.[62] Diese besorgten ihnen mehrere Fahrzeuge, damit sie den Ort erreichen konnten, der Los Encuentros genannt wird. Sie kamen dort an und begannen in die Luft zu schießen. So schafften sie es, mehr als 85 Flüchtlinge festzunehmen, von denen sie vierzig Männer folterten

---

[62] Die COGEFAR ist eine italienische Firma, die mit zum Konsortium der Firmen gehörte, die im Auftrag der INDE den Staudamm und das Wasserkraftwerk errichtet haben. Neben COGEFAR gehörte u. a. die deutsche Firma Lahmeyer International dem Konsortium an.

und ermordeten. Unter den Gefolterten befand sich Pedro Osorio López, ein Anführer der Guerilla-Armee der Armen. Sie schnitten ihm in die Fußsohlen und zwangen ihn, sich auf eine glühende Platte zu stellen.

Die Mörder machten allen Männern ein Ende. Die Leichen der Opfer wurden in die Brunnen geworfen, die die Archäologen zurückgelassen hatten, als sie die Ruinen von Los Encuentros geplündert haben. Sie verschonten einzig und allein die Frauen und Kinder.

Am nächsten Morgen flogen sie die festgehaltenen Frauen und Kinder mit dem Hubschrauber zur Militärbasis von Cobán, bis zum heutigen Tag wissen die Familien der Entführten nichts über ihren Verbleib.

Nach dieser Aktion gingen die Armeeangehörigen und die Patrulleros nach Río Negro. Sie betraten das Dorf und das erste, was sie taten, war, sich eine Kuh zu stehlen und sie zu schlachten. Sie waren hungrig. Es war ihnen egal, dass die Kuh, die übrigens meinem Vater gehörte, tragend war.

Am nächsten Morgen standen sie früh auf und fingen damit an, alle Häuser niederzubrennen. Sie nahmen sich den Besitz der Menschen mit und eigneten sich das ganze Vieh an. Sie machten das ganze Dorf dem Erdboden gleich.

Pedro González berichtet, die Frauen und Kinder, die von der Armee entführt worden waren, jene, die in Hubschraubern nach Cobán gebracht worden waren, seien aus der Luft in die Berge des Peténs hinab geworfen worden. Nach einer anderen Version sind die Menschen nach Playa Grande gebracht und gezwungen worden, in die Berge zu gehen, wo die Guerilla war. Die Frauen hätten Bäume fällen und Felder bearbeiten müssen. Diese Arbeit sollte es der Armee erleichtern, in die Berge vorzudringen, um die Guerilla anzugreifen.

In den Jahren 1982 und 1983 blieb der Schatten des Verbrechens über der gesamten Umgebung Río Negros. Die Guerilla-Armee der Armen richtete mehr als 30 Menschen aus Río Negro hin, Führer ihrer eigenen Organisation mit eingeschlossen. Unter den ermordeten Personen befanden sich Alejandro Sánchez Chen, Mateo Sánchez Chen, Pablo Osorio Sánchez, Ciriaco Sánchez Osorio, Venancio Sánchez, Pablo Osorio López, Felipe Chen, Francisco Sánchez Osorio, Bruno Alvarado Ixpatá, Demesio Tecú, Emilio Morente Ixpatá und andere. Diese Morde waren von der Guerilla-Zentrale angeordnet worden, weil einige Mitglieder der EGP Befehle gegeben hatten, die nicht mit der Zentrale abgesprochen waren, wodurch alle Campesino-Familien in Gefahr gebracht worden seien. Viele dieser Aktionen führten zu großen Massakern.

Die Flüchtlinge aus Río Negro, die sich in die Berge Rabinals begeben hatten, ereilte ein anderes Schicksal. Viele überlebten das raue Klima und hielten Hunger und Durst aus. Sie litten doppelt, wenn der Winter kam, weil das bisschen Kleidung, das sie trugen, nass wurde.[63]

Die Flüchtlinge ernährten sich von Lianen, jungen Palmtrieben, jungen Sprossen der Espina (Pflanze, die der Ananas sehr ähnlich ist) und rohem Fisch. Sie hatten keine Kleider, keinen Zucker, keinen

---

[63] Die Winterzeit (Anfang Mai bis Ende Oktober) ist in Rabinal Regenzeit. Alle anderen Monate sind so gut wie regenfrei.

Zuckersirup, keine Medikamente. Alle Familien, die mit Kindern geflüchtet waren, ertrugen diese Tragödie nicht länger. Hunger und Krankheiten befielen die Kinder, die noch lebten. Diese Situation zwang Eltern und Freunde, die Unterstützung der Anführer der Flüchtlinge zu suchen, um die 35 völlig unterernährten Mädchen und Jungen nach Agua Fría bringen zu können.

Am 13. September 1982, gegen fünf Uhr morgens, betraten die guatemaltekische Armee und die zivilen Selbstverteidigungspatrouillen das Dorf Agua Fría. Mit ihnen ging ein Mann, der sich als „Kommandant Flavio" auswies und zum EGP gehört hatte. Sein Name war Lázaro Sical. Die Mörder gingen zu den Häusern, holten Männer, Frauen und Kinder gewaltsam heraus und nahmen sie zum Haus eines zivilen Militärkommissars mit, wo eine Versammlung stattfinden sollte. Als die Soldaten und die Patrulleros im Haus waren, zwangen sie die Campesinos, die Personen zu verraten, die auf der Seite der Subversiven waren, diejenigen, die ihnen Unterkunft und Verpflegung gegeben hatten.

Alle Verhafteten dementierten die Beschuldigungen, die gegen die Dorfgemeinschaft vorgebracht wurden. Die Patrulleros und Soldaten glaubten diesen Aussagen nicht, weil sie die Information von „Kommandant Flavio" bekommen hatten. Als sie diesen Herrn gefoltert hatten, hatte er gestanden, dass die Bevölkerung von Agua Fría die Guerilla mit Nahrungsmitteln unterstützte. Als sie die Informationen, die sie wünschten, nicht erhielten, begannen sie, alle jungen Frauen zu vergewaltigen.

Danach sperrten sie die Gefangenen im Haus des Militärkommissars ein und zwangen „Kommandant Flavio", wahllos auf sie zu schießen. Dort starben mehr als achtzig Menschen, unter ihnen Männer, Frauen und Kinder. Als alle gestorben waren, zündeten sie das Haus an. Eine Stunde danach kam Julián Sic, ein Überlebender, an den Schauplatz des Verbrechens. Er sah noch, wie die sterblichen Überreste der Menschen verbrannten, und sah das Blut, das an dieser Stelle vergossen worden war.

Andere Überlebende aus Río Negro flüchteten sich in das Dorf Chichupac, weil dort eine Pflanze namens Malanga[64] geerntet werden konnte. Sie hatten nicht die Absicht, sie zu verkaufen, sondern sich von ihr zu ernähren. Wenn man die Wurzeln dieser Pflanze zerstampft, verwandelt sie sich in eine Masse, die der Maismasse sehr ähnlich ist. Aber es gab dort auch einen Nachteil: das Klima. Die Flüchtlinge ertrugen die Kälte nicht.

In diesem Dorf starben viele Menschen aus Río Negro. Der Rest der Überlebenden beschloss, nach Panima' zurückzukehren. Sie hatten monatelang in Chichupac gelebt. Niemand wusste, wann er sterben würde. Sie hatten ein unsicheres Leben. Der Terror hielt sie gefangen. Immer dachten sie an den Tod. So war das Leben; es war ein Sturm voller Schmerz und Leid.

Im März 1982 gelangte der General Efraín Ríos Montt durch einen Staatsstreich an die Macht. Nach einigen Monaten an der Regierung erließ er eine Amnestie für die in den Bergen lebenden Überlebenden der Massaker.[65] Das Militär kam in Hubschraubern nach Río Negro, um Flugblätter mit dem Amnestie-Dekret abzuwerfen.

---

[64] Malanga ist eine Grünpflanze mit handflächengroßen Blättern, deren graue Wurzeln gegessen werden.
[65] Das "Ley de Amnistía" General Ríos Montts bezog sich auf alle Taten, die „mit subversiven oder terroristischen Absichten oder Zielen" begangen worden sind, und zwar im Zeitraum zwischen dem 25. Mai 1973 und dem

Das Flugblatt wies darauf hin, dass die Regierung nun nicht mehr töten würde, weil es ja Frieden gebe, und dass man sich der Armee ergeben könne, um nicht weiterhin Hunger leiden zu müssen. Die Regierung versprach den Überlebenden, ihr Leben zu verschonen und sie gut zu behandeln.

1983 ertrugen die Überlebenden aus Río Negro Hunger und Krankheiten nicht mehr. Sie wollten nicht mehr in den Bergen leben und den Winter aushalten. Sie beschlossen, sich zu ergeben.

> *Wir werden sehen, ob wir überleben. Wir haben uns nichts zu schulden kommen lassen. Wenn sie uns töten, nun, dann soll es so sein, denn sterben müssen wir sowieso - an Hunger und Krankheit.*

Einige ergaben sich direkt dem Militärstützpunkt von Rabinal, andere zogen es vor, Priester zu kontaktieren, damit diese ihnen Zuflucht gewährten. Es gab eine Gruppe, welche die Hilfe von Personen suchte, die bei der INDE arbeiteten, damit diese sie in die Siedlung Pacux überführten.

Die von Ríos Montt verordnete Amnestie war nicht vertrauenswürdig. Man konnte den Patrulleros und den Militärs nicht trauen. Anfang Juli 1983 ergab sich die erste Gruppe der Geflohenen. Die Überlebenden kamen über das Dorf Nimacabaj von Norden nach Rabinal und wurden von den ortsansässigen Patrulleros empfangen. Bewacht gingen sie von dort weiter bis zum Militärstützpunkt von Rabinal. Sie kamen gegen elf Uhr vormittags an. Ein Vorgesetzter

---

17. Juni 1982. Die Amnestie wurde von Teilen der Guerilla zurückgewiesen und in der Praxis allzu oft vom Militär unterlaufen.

empfing sie und dankte den Patrulleros, dass sie die Gruppe in Gewahrsam genommen hatten.

Bei der Ankunft auf dem Militärstützpunkt wurde auf die Gruppe gezielt und sie wurde registriert. Die Soldaten notierten die Namen von allen. Sie fragten sie, ob es Mitglieder der Guerilla unter ihnen gebe oder Personen, die mit der Subversion kollaboriert hätten. Alle Überlebenden antworteten:

Wir waren Kollaborateure.

Sie konnten nicht verneinen, weil man sie sonst gefoltert hätte, bis sie die vermeintliche Wahrheit sagten. Nach dem Verhör besorgten sie ihnen Essen, Medizin und Kleidung. Alle waren krank und unterernährt. Zwei Stunden später tauchte ein Herr mit dem Beinamen „Corazón" auf. Sein Name war Alberto Ixpatá López - ein Ex-Guerillero. Er war in Begleitung von Everardo García und Jesús Torres - beide gehörten vermutlich zu den Mördern.

Der Herr „Corazón" begann, sich die Flüchtlinge vor den beiden Mördern anzusehen. Seine Aufgabe bestand darin, die Personen zu verraten, die mit ihm zusammengearbeitet hatten, als er in die Guerilla eingetreten war.

Er zeigte auf einige Männer und Frauen, diese wurden dann mehrere Wochen im Militärstützpunkt festgehalten. Die anderen wurden in die Siedlung Pacux gebracht und von den Judiciales empfangen, die aus Río Negro geflohen waren, weil sie Schwierigkeiten mit dem Dorf und der EGP gehabt hatten.

So begannen auch die übrigen Geflohenen sich zu ergeben. Die Soldaten empfingen alle drei Tage Flüchtlingsgruppen. Sie kamen aus Río Negro, Canchún, Chitucán, Mangales, Chichupac, Xesiguan und aus anderen Dörfern.

Niemand hatte gedacht, dass die Soldaten die Menschen, welche gekommen waren, um sich zu ergeben, foltern würden. Das Amnestie-Dekret diente dazu, die Überlebenden zu täuschen und sie zu den Militärstützpunkten Guatemalas zu locken, damit die Soldaten nicht ausrücken mussten, um sie in den Bergen zu suchen.

Gemäß der Zeugenaussage eines Überlebenden aus Pacux hatten die beiden vorher erwähnten Mörder keinerlei Mitleid beim Töten und Foltern der Überlebenden:

> *Die Opfer saßen am Boden, andere lagen im Sterben [...] Sie kamen und erdrosselten sie mit den Händen oder benutzten Macheten, um ihnen die Kehle durchzuschneiden. Manchmal benutzten sie Waffen. Sie schossen sie in den Kopf oder gaben ihnen den Gnadenschuss. Es war eine einzige Hölle.*

Die Überlebenden aus den verschiedenen Dörfern bei Rabinal und aus einigen Ortschaften bei der Stadt Joyabaj im Departement El Quiché wurden in Pacux zusammengeführt. Alle Männer wurden gezwungen, sich in den zivilen Selbstverteidigungsgruppen zu organisieren. Diejenigen, die erst 14 oder 15 Jahre alt waren, mussten auch zur Patrouille, sie nahmen keine Rücksicht auf das Alter.

Das Leben vieler Witwen und junger Frauen wurde verschont, wenn sie im Gegenzug den Mördern ihre Körper hingaben. So erzählen es die Opfer. Nach ihren Angaben rief man die Frauen zum Militärstützpunkt und vergewaltigte sie dort. Einige starben, weil sie von vielen Soldaten geschändet worden waren. Diejenigen, die überlebten, blieben traumatisiert. Eine junge Frau, die im Militärstützpunkt vergewaltigt worden war, wurde nach Pacux geschickt. Sie hatte keine Unterkunft. Der Offizier rief einen zivilen Militärkommissar und befahl ihm, die Frau in einem der Häuser unterzubringen, während sie nach einer Bleibe suchte.

Als sie nach Pacux gingen, begann der Kommissar sie zu bedrängen, um sie zu vergewaltigen. Da die junge Frau sich ihm nicht hingab, bedrohte er sie. Sie akzeptierte, dass er sie vergewaltigte, doch bat sie ihn, es sanft zu tun, weil ihr Körper keine Vergewaltigungen mehr ertrug.

Zu den Arbeiten, welche die Überlebenden aus Río Negro verrichteten, gehörte das Ausheben von Gruben auf dem Militärstützpunkt. Sie wussten nicht, dass die Gruben für die Ermordeten benutzt werden würden.

Im Monat August des Jahres 1983 beschwerten sich mehrere Männer, die beschuldigt worden waren, Guerilleros zu sein und regelmäßig gefoltert wurden, beim Kommandanten des Militärstützpunktes über die Taten der Soldaten. Sie bekundeten, dass sie keine Guerilleros seien, sondern fleißige Männer; Männer, die Mais und Bohnen anbauten. Eines Tages beschloss der Kommandant, die Behauptungen der Indígenas zu überprüfen und sandte eine Kommission nach Río Negro und nach Chitucán. Sie bestand aus Soldaten und Patrulleros aus Pacux. Als sie in Río Negro ankamen, sahen sie mehrere Männer beim Fischen im Stausee. Sie schossen aus großer Entfernung auf sie und es gelang ihnen, einen Mann umzubringen. Danach überzeugte sich der Offizier José Alfredo Orellana davon, dass auf allen Feldern Mais, Bohnen und Kürbisse wuchsen. Unverzüglich wies er alle Patrulleros aus Pacux an, die Felder mit Macheten zu zerstören, damit diejenigen, die noch in den Bergen lebten, keine Nahrungsgrundlage mehr hätten.

An diesem Tag, als bereits die Nacht anbrach, ergaben sich Don Toribio Lajuj, der junge Demetrio Toj und einige Frauen und Kinder den Soldaten und Patrulleros. Don Toribio und Demetrio wurden von der Gruppe getrennt und der Offizier verhörte sie, während die Frauen und Kinder bei den Patrulleros blieben.

Während des Verhörs gelang es einigen Judiciales, die unter den Patrulleros waren, Don Toribio zu identifizieren, und sie sagten dem Offizier, dass dieser Herr ein Anführer der EGP gewesen war. Am nächsten Tag schickten sie Demetrio zurück zu den Patrulleros und folterten Don Toribio. Nach der Folter schnitt der Offizier einen kleinen Baum ab und spitzte den Baumstamm an. Er packte Don Toribio und stieß ihn mit all seiner Kraft so, dass er mit dem Hintern auf den Stamm aufgespießt wurde. Danach wurde er enthauptet. Der Tod Don Toribios wurde von seinem Sohn beobachtet, der sich zusammen mit den Frauen ergeben hatte.

Der Offizier war sehr verärgert über die Patrulleros, weil sie ihm nur die bebauten Felder gezeigt hatten, nicht aber das Versteck der Guerilla und auch nicht den Ort, an dem die Waffen waren. Die Männer erschraken: Sie glaubten, die Armee würde sie unterwegs oder bei der Ankunft im Militärstützpunkt ermorden. Sie marschierten weiter. Als sie in Chitucán vorbeikamen, zerstörten sie eine Schule. Der Offizier fragte die Patrulleros aufbrausend nach dem Verbleib der übrigen Überlebenden aus Río Negro. Als sie in ihrem

Heimatort ankamen, fühlten sie sich in Sicherheit. Das Vertrauen zwischen diesen Patrulleros und dem Offizier wuchs, weil er ihr Leben verschont hatte.

Jene Frauen und Kinder, die sich in Río Negro ergeben hatten, wurden nach Pacux gebracht, während Demetrio zum Militärstützpunkt gefahren wurde. Der Offizier José Alfredo Orellana nahm den Jugendlichen mit in sein Haus. Er hielt ihn mehrere Jahre als Sklaven, später schickte er ihn in zur Armee nach Zacapa, wo er Militärdienst geleistet hat.

Die Überlebenden glaubten, in Pacux sei die Zeit des Terrors für sie zu Ende. Nachdem sie sich in der neuen Siedlung niedergelassen hatten, wurden sie in zivilen Selbstverteidigungspatrouillen organisiert. Sie mussten gehorsam sein. Diejenigen, die es nicht waren, wurden bestraft. Sie wurden in ein fast 25 Meter tiefes Loch geworfen, das die meisten kannten, weil sie es selbst gegraben hatten.

Alle Patrulleros aus den Dörfern, auch diejenigen aus Pacux, wurden vom Militär gezwungen, T-Shirts mit dem Schriftzug „Freiwilliges Komitee der zivilen Selbstverteidigung" zu kaufen, außerdem waren darauf zwei Gewehre und zwei Patrulleros aufgedruckt. Diese T-Shirts benutzte man für den Umzug am 15. September.[66] Wer das T-Shirt nicht trug, wurde nach dem Umzug bestraft.

Armeeangehörige kamen nach Pacux, gingen in die Häuser der Witwen und vergewaltigten sie. Die Patrulleros haben sich den Sol-

---

[66] Am 15. September 1821 erlangte Zentralamerika die Unabhängigkeit von den spanischen Eroberern. Seitdem wird der Unabhängigkeitstag jedes Jahr mit vielen Veranstaltungen und Feierlichkeiten – unter anderem Umzüge verschiedener Kultur- und Bildungseinrichtungen – durch die Städte und Dörfer begangen.

daten nicht in den Weg gestellt, weil man sie sonst als Guerilleros hätte beschuldigen können. Im Militärstützpunkt befand sich der aus Xococ stammende Francisco Pérez als Kriegsgefangener. Er hat die Soldaten nach Pacux gelotst. Denn er hat zu den Soldaten gesagt, die Frauen von Pacux stünden auf Männer, ein Vorwurf, der großen Schaden angerichtet hat. Einmal wurde eine verheiratete Frau, die zum Marktplatz ging, von mehreren Soldaten vergewaltigt, die gerade frei hatten.

Die Frau schaffte es, ihre Vergewaltiger zu identifizieren. Sie kehrte nach Hause zurück und erzählte ihrem Ehemann, was geschehen war. Unverzüglich reichten sie eine Anzeige beim Leiter des Militärstützpunktes ein. Der Kommandant versammelte alle Soldaten. Er bat die Frau, die für die Vergewaltigung Verantwortlichen zu identifizieren. Die Frau konnte den Vergewaltiger wieder erkennen und der Kommandant bestrafte den Soldaten und seine Komplizen.

Eine Woche nach diesen Geschehnissen sagte Francisco Pérez dem Kommandanten, es gebe in Pacux zwölf Männer, die planten, die Soldaten umzubringen, wenn sie ins Dorf kämen. Der Kommandant befahl, diese wegen des Verdachts der Planung einer subversiven Aktion festzunehmen. Die ganze Aktion war von den Soldaten geplant worden, die wegen der Vergewaltigung der Frau bestraft worden waren. Die Festgenommenen wurden brutal bestraft. Ein Offizier des Militärstützpunkts sagte zu ihnen:

Gut, ihr Arschlöcher, nun werdet ihr eine Strafarbeit machen, damit ihr vergesst, was ihr von den Subversiven gelernt habt.

Sie ließen sie Liegestützen und Kniebeugen machen. Die Soldaten traten auf die Opfer. Sie mussten sich auf dem Schotter niederknien und vorwärts rutschen. Sie fesselten ihnen die Hände und verlangten, dass sie sich auf dem Bauch über den Boden wälzten, bis ihnen die Brust blutete. Der Offizier fragte sie:

Habt ihr Durst, Jungs? Dann trinkt Wasser!

Sie gaben ihnen einen Guacal[67] mit Wasser und menschlichen Exkrementen. Sie wurden gezwungen, das Wasser auszutrinken. Danach schlugen sie ihnen in den Magen. Die starken Schläge ließen sie erbrechen. Als sie schon arg zugerichtet waren, brachten sie sie in eine Grube und gaben ihnen nichts zu essen. In den Nächten holten sie sie heraus, um sie noch mal zu bestrafen.

Die Leute aus Pacux machten sich Sorgen, weil die Soldaten dabei waren, alle Männer zu entführen. Familienangehörige der Männer beschwerten sich bei den Militärkommissaren von Pacux und baten sie, sich bei Lucas Tecú, dem Kommandanten der zivilen Militärkommissare, über die Situation der Gefangenen zu erkundigen. Er sagte ihnen:

Spielt nicht verrückt, Leute. Dankt Gott, dass ihr nicht dabei seid.

Die Militärkommissare von Pacux hatten so eine Antwort nicht erwartet. Sie gingen zum Militärstützpunkt und forschten nach den entführten Kameraden. Dort sagte man ihnen, dass man nichts über

---

[67] Ein Guacal ist ein aus der Frucht des Morobaumes hergestelltes traditionelles Trink- und Essgefäß, das meist bunt bemalt und sehr typisch in Rabinal ist.

den Verbleib der Männer wisse. Darüber hinaus sei nur der Kommandant dazu befugt, solche Informationen zu geben, aber der befinde sich außerhalb Rabinals und komme erst nächste Woche wieder.

Die Militärkommissare waren sehr besorgt, weil sie keine Informationen über die Gefangenen erhielten. Sie schöpften ihre ganzen Mittel aus, um Informationen zu erhalten. Sie sprachen mit der Generalkommandantur der Militärkommissare, doch dort drohte man ihnen, weil sie die Soldaten gereizt hätten. Die einzige Alternative, die ihnen blieb, war, sich beim Departementgouverneur in Salamá zu beschweren. Dies taten sie mit telegraphischen Botschaften. Da sie keine Antwort erhielten, zwangen sie Don Cipriano Sis Lajuj, den damaligen Telegrafisten, ihnen das Telefon auszuhändigen. Don Cipriano fragte nach dem Thema, das sie mit dem Gouverneur besprechen würden. Die Männer aus Pacux sagten ihm, es gehe um Leben und Tod. Der Telegrafist willigte ein.

Der Gouverneur sprach am Telefon mit den Militärkommissaren und sagte ihnen, dass sie ihre Kameraden im Militärstützpunkt abholen sollten. Er sagte ihnen, sie sollten sich erneut mit ihm in Verbindung setzen, damit er die Antwort des Kommandanten des Militärstützpunkts erfahre. Falls sie eine negative Antwort erhielten, käme er persönlich nach Rabinal, um sich die Situation der Verschwundenen anzusehen. Die Patrulleros wandten sich an den Militärstützpunkt. Dort erlebten sie eine Überraschung. Am Eingang stand Lucas Tecú. Er drohte ihnen mit dem Tod, weil sie den Gouverneur um eine Intervention gebeten hatten. Doch die Militärkommissare ließen sich von den Drohungen des Lucas Tecú nicht einschüchtern.

Am selben Tag verkündete der Kommandant des Militärstützpunkts, er werde die Gefangenen freilassen. Die Familienangehörigen warteten auf die Männer. An jenem Tag wurden sie nicht freigelassen, weil sie geschlagen worden waren und die Soldaten nicht wollten, dass die Menschen sahen, wie sie diese gefoltert hatten. Die Gesundheit der Männer war angeschlagen.

Die Überlebenden aus Pacux wurden ständig von den Militärkommissaren der anderen Dörfer bedroht und eingeschüchtert, vor allem von denen aus Xococ. Die Kommissare aus Xococ, die den Auftrag hatten, Pacux zu überwachen, mussten dem Militärstützpunkt jeden Sonntag einen Bericht über die Vorgänge einreichen. Wenn irgendetwas Außergewöhnliches im Dorf oder in der Umgebung geschah, beschuldigten die Soldaten und die Patrulleros die Leute aus Pacux sofort, mit der Guerilla in Verbindung zu stehen.

Anfang 1984 gründete die Dorfgemeinschaft von Pacux ein Komitee, um von der INDE eine ihnen zustehende Entschädigung für die Verluste zu fordern, die durch das Projekt des Wasserkraftwerkes von Chixoy verursacht worden waren. Die INDE konnte über die Häuser und den Besitz, den sie für die Geschädigten von Río Negro gekauft hatten, nicht entscheiden. Die Zuteilung dieser Güter lag in den Händen der Regierung von Oskar Humberto Mejía Víctores.[68] Die endgültige Entscheidung lautete, diesen Besitz an die Militärkommissare und Patrulleros zu übergeben, die gegen die Guerilla gekämpft und das Vaterland verteidigt hatten. Das neue Komitee der Dorfgemeinschaft von Pacux rief alle von Río Negro Vertriebenen ein, um gemeinsam Front zu machen und für die Entschädigung zu kämpfen, die ihnen zustand. Die INDE bedrohte die Mitglieder des

---

[68] Ende 1983 putschte General Oskar Humberto Mejíja Víctores erfolgreich gegen Ríos Montt. Er regierte bis Januar 1985.

Komitees wegen dieses Kampfes. Sie bedeuteten ihnen, dass sie sie kastrieren und danach aufhängen würden.

1986 fällten die Patrulleros aus Pacux die Entscheidung, die örtliche PAC aufzulösen. Dies war ein historisches Ereignis. Viele von ihnen sagten:

> *Wir kriegen nichts dafür, nicht einen Centavo. Und auf wen passen wir auf? Wir sind niemandem etwas schuldig, noch viel weniger haben wir jemanden getötet.*

Diese Entscheidung besprachen sie mit Lucas Tecú und der antwortete:

> *Wenn euch etwas passiert, dann gebt die Schuld nicht uns.*

Zwei Monate waren seit der Auflösung der PAC von Pacux vergangen, als mehrere unbekannte Männer kamen. Sie trugen schwere Waffen bei sich und ihr Gesicht war mit Tüchern verhüllt. Sie gingen auf das Haus von Francisco Sánchez Chen zu. Dieser hatte sich widersetzt, die PAC neu zu organisieren. Sie entführten und ermordeten ihn. Der Leichnam tauchte erst am dritten Tag auf. Die Leiche wurde im Dorf Sutún im benachbarten Landkreis Cubulco (Department Baja Verapaz) gefunden.

Im Jahr 1988 kaufte die INDE einen Bootsmotor für die Gemeinde, und zwar auf Druck des neuen Dorfkomitees hin. Dieser Motor sollte dazu dienen, ein Boot, das die Dorfgemeinschaft hatte, betriebsfähig zu machen. Trotzdem mussten die Genehmigungsformalitäten für besagtes Projekt von der Militärbasis in Salamá abgewickelt und Kopien beim Militärstützpunkt von Rabinal und in der Kommandantur der Patrouillen von Xococ eingereicht werden. Die Genehmigungsformalitäten dauerten fast zwei Jahre. 1990 rafften sich zwei Familien auf, nahmen den Bootsmotor mit und probierten ihn im Stausee von Chixoy aus.

Dieses Boot wurde für den Fischfang benutzt. So begann die Rückkehr einiger Familien. Nach und nach kehrten sie nach Río Negro zurück, aber immer sorgten sie sich um ihre Sicherheit.

Zurzeit besteht die Dorfgemeinschaft des neuen Río Negro aus zwölf Familien. Eines Tages werden alle Vertriebenen zurückkehren können.

Kapitel 11

Und ich fing an, wegen der geheimen Massengräber Anzeige zu erstatten

Auf der Suche nach Gerechtigkeit

Die Gerechtigkeit spricht nicht die Sprache der Indios,
die Gerechtigkeit steigt nicht zu den Armen hinab,
die Gerechtigkeit benutzt keine Sandalen,
die Gerechtigkeit läuft nicht barfuss
auf staubigen Wegen.

Die gelbe Blume der Gräber
Humberto Ak'abal

Auf der Suche nach Gerechtigkeit

Im Monat Mai 1993 fing ich zusammen mit zwei Überlebenden der Massaker von Río Negro an, gegen die Schuldigen der Massaker zu kämpfen. Wir begannen unsere Arbeit damit, wegen der geheimen Massengräber unserer Gemeinde Anzeige zu erstatten. Zuerst reisten wir in die Hauptstadt und suchten die Menschenrechtsorganisationen auf. Wir erzählten ihnen ein wenig von den schrecklichen Massakern.

Meine Mitstreiter hatten wegen unserer Aktionen große Angst, weil sich ja am Ortseingang von Pacux der Militärposten befand. Meine Mitstreiter sagten, dass es für die Soldaten ein Leichtes wäre, uns zu entführen. Ich sagte ihnen:

> *Wir müssen kämpfen, damit die Wahrheit ans Tageslicht kommt. Wir verstoßen nicht gegen Gesetze.*

Ein Mitstreiter sagte mir:

> *Ah! Aber wir müssen daran denken, dass unsere Familienangehörigen damals auch nicht gegen Gesetze verstoßen haben und ermordet wurden. Heutzutage haben selbst die Richter Angst vor dem Militär.*

Unsere Gruppe reiste häufig in die Hauptstadt. Ich war der einzige, der die Rolle des Anklägers übernommen hatte, denn meine Mitstreiter wollten dies nicht auf sich nehmen. Sie benahmen sich wie einfache Begleiter. Das ärgerte mich. Ich übte Druck auf einen von ihnen aus, die Tragödie, die wir erlebt hatten, anzuzeigen. Ich überzeugte ihn.

Er ärgerte sich oft über mich, weil ich ihn in die Geschichte mit den Anzeigen hineingezogen hatte, und sagte zu mir:

> *Es ist halt so, dass du die Gewalttaten der Soldaten und Militärkommissare gegen uns weder gesehen noch erlitten hast.*

Wir diskutierten immer über unsere Geschichte. Dies bestärkte mich noch mehr in meiner Haltung, denn wir wurden uns der Realität bewusst, in der wir lebten. Gleichzeitig waren wir uns der Konsequenzen bewusst, die die Anzeigen, welche wir bei den zuständigen Behörden einreichten, für uns haben könnten.

Wir sprachen über die Risiken, die wir dadurch eingingen, dass wir so nahe bei den Judiciales waren, die in Pacux lebten. Es gab so viele Dinge, die unsere Arbeit zunichte machen konnten, aber wir führten den Kampf weiter. Nach und nach besiegten wir die Angst.

Einige der Menschenrechtsorganisationen, die wir in der Hauptstadt aufsuchten, begannen mit uns zusammenzuarbeiten und halfen uns, die Anzeige wegen der geheimen Massengräber von Río Negro einzureichen.

Ich versuchte, die Formalitäten der Exhumierung zu beschleunigen, weil ich großes Interesse daran hatte, dass diese Arbeit abgeschlossen werden würde. Trotzdem waren die Formalitäten sehr verwickelt.

Im Monat Juli 1993 fuhr ich erneut in die Hauptstadt, um die Anzeige bei der Anwältin, die den Fall betreute, abzuholen, und reichte sie beim Gericht in Salamá ein. An diesem Tag konnte ich nichts erreichen, weil die Anwältin nicht da war und ihre Sekretärin nichts von der Anzeige wusste. Ich hatte nicht genügend Geld bei mir, um die Ausgaben für Unterkunft und Lebensmittel zu bestreiten; Bedingungen, unter denen ich immer lebte. Meine extreme Armut verzögerte die Einreichung der Klage um fast einen Monat.

Dieser Stillstand war aber nur vorübergehend, weil das fehlende Geld mich nicht von meinem Kampf abhielt.

Am 11. August 1993 fuhr ich wiederum in die Hauptstadt, um die Anzeige von der Anwältin abzuholen und sie beim Amtsgericht für Strafsachen, Drogenhandel und Delikte gegen die Umwelt in Salamá einzureichen. Ich war besorgt. Es war das erste Mal, dass ich vor einem Gericht vorstellig wurde. Nie hätte ich gedacht, dass ich die Soldaten und Patrulleros anzeigen würde.

Ich glaubte, dass Gerichte den Befehl für die Massaker in den Dörfern erteilt hätten, aber ich hatte mich getäuscht. Nach und nach verstand ich die Gründe der gewaltsamen Übergriffe und kam zu der Schlussfolgerung, dass die Massaker vom Militär geplant worden waren, um die indigene Bevölkerung auszurotten. Als ich zum Gericht kam, erwartete mich ein Gerichtsdiener und sagte mir:

Die Exhumierung von Río Negro ist bereits geschehen.

Ich sagte ihm:

Nein, vor einer Woche war ich am Ort des Massakers.
Ich habe gesehen, dass die Überreste unserer Familien-
angehörigen dort noch herumliegen.

Nach einer kleinen Diskussion wies mich der Gerichtsdiener darauf hin, dass ich am 13. August 1993 vorstellig werden sollte, um die Anzeige einzureichen und meine Aussage zu machen. Ich machte mir Sorgen, weil ich mir die Angaben merken musste, die ich zuvor gemacht hatte, und vor allem wollte ich die Namen der Patrulleros nicht nennen.

Es kam der Tag, an dem ich meine Aussage machen musste. Das waren schwierige Augenblicke, weil mir das Sprechen sehr schwer fiel. Es fiel mir viel leichter zu weinen, als mich auszudrücken. Aber ich ertrug den Druck, den diejenigen, die meine Aussage aufnahmen, auf mich ausübten, und ich weinte nicht. Nach einigen Augenblicken konnte ich aussagen, was ich in der Tragödie am 13. März 1982 erlitten hatte. Ich hatte nicht vorgehabt, die Namen der Militärs zu nennen, aber niemand konnte meine Schilderung stoppen, und schon hatte ich die Namen der Mörder genannt.

Ich bereute, dass ich gegen die Soldaten und Patrulleros ausgesagt hatte. Andererseits glaubte ich, dass es angebracht war, sie zu beschuldigen: Wegen der Taten, die sie begangen hatten, und weil sie meinen kleinen Bruder Jaime umgebracht hatten. Wenn ich es nicht getan hätte, wäre der Tod Jaimes und der anderen unschuldigen Kinder ungestraft geblieben.

Nach meiner Aussage beschloss ich, häufiger in die Hauptstadt zu fahren, um den Vorgang der Exhumierung vorzubereiten. Die

Nachbarn von Pacux hatten angefangen, mich zu verdächtigen. Sie sagten zueinander:

> *Warum bricht Jesús mitten in der Nacht auf und kommt erst spät nachts nach Hause? Was macht Jesús? Da steckt bestimmt irgendwas dahinter. Auf den müssen wir aufpassen.*

Ich setzte meine Arbeit fort. Einige Tage vor der Exhumierung ging ich nach Río Negro, um die, die nach Río Negro zurückgekehrt waren, um Hilfe zu bitten. Ich musste das *Team der Forensischen Anthropologie Guatemalas* EAFG[69] an den Ort des Massakers, nach Pak'oxom bringen. Die Rückkehrer versammelten sich und beschimpften mich:

> *Bring die nicht hierher, das hat für uns bestimmt unangenehme Konsequenzen. Vergiss nicht, dass solche Aktivitäten gegen das Militär gerichtet sind, vor allem gegen die Patrulleros aus Xococ. Unsere Siedlung liegt sehr weit ab, und wenn sie eines Tages kommen und nach dem Anführer von diesen Aktivitäten fragen, werden wir ihnen sagen, wer hinter diesen Exhumierungen steckt.*

Ich sagte ihnen:

---

[69] Das *Equipo de Antropología Forense de Guatemala* (EAFG) ist eine guatemaltekische Nichtregierungsorganisation, die sich der Durchführung der Exhumierungsarbeiten der geheimen Massengräber in Guatemala sowie der Identifizierung der Opfer und der Rekonstruierung des Tathergangs widmet. Die Forensische Anthropologie dient neben der Rechtsmedizin und der Forensischen Odontologie der Aufklärung von Verbrechen.

Diese Exhumierung wird für niemanden unangenehme Folgen haben. Meine Familienangehörigen waren keine Guerilleros, sie waren unschuldige Menschen. Und damit eines klar ist: Ich suche keine Rache, sondern Gerechtigkeit.

An diesem Tag bekam ich von ihnen nicht die Hilfe, die ich brauchte, stattdessen machten sie mich für die Konsequenzen verantwortlich, die die Exhumierungen mit sich bringen könnten.

Am 7. Oktober 1993 hatte sich das *Team der Forensischen Anthropologie Guatemalas* EAFG bereits in Río Negro eingerichtet und mit der Exhumierung von 107 Kindern und 70 Frauen aus Río Negro begonnen.

Vor der Exhumierung wollten mich die Anthropologen interviewen, aber ich wollte nicht über das Massaker sprechen. Jedes Mal, wenn ich auf das Thema zu sprechen kam, zerriss es mir das Herz. Es war schwer, sich an die Tragödie zu erinnern, ohne Tränen zu vergießen. Wenn ich vor anderen Leuten sprach, versuchte ich nicht zu weinen.

Als die Exhumierung durchgeführt wurde, kamen verschiedene Journalisten und baten mich um ein Interview. Sie wollten, dass ich ihnen alles erzählte, was beim Massaker geschehen war. Ich ertrug den Druck der Medien nicht. Ich beschloss, den Ort der Exhumierung zu verlassen, und kehrte nach Pacux zurück. Dies trug mir Kritik von Seiten der Dorfgemeinschaft an, sie sagten, das hätte ich besser nicht gemacht.

Die Menschen verstanden nicht, dass ich von innen her starb. Ich starb vor Schmerz, wenn ich den Exhumierungsprozess sah.

Nachdem das *Team der Forensischen Anthropologie Guatemalas* EAFG seine mühselige Arbeit vollbracht hatte, bestatteten wir unsere Familienangehörigen am 24. April 1994 mit einem christlichen Begräbnis. Es war der traurigste Tag für mich, weil wir uns für immer von ihnen verabschiedeten.

Ich wollte weinen, wollte meinen Kummer im Alkohol ertränken, aber ich tat es nicht. Ich dachte, dass ich so meinen Schmerz vergessen könnte. Diese ganze Tragödie trieb mich an, weiter zu kämpfen, mit den Menschen zu sprechen und ihnen alles mitzuteilen, was ich während dieses Massakers erlebt hatte. Nur so gelang es mir, meinem Schmerz freien Lauf zu lassen, obwohl jedes Wort, das ich aussprach, mich an die Bilder erinnerte, an die Angst der Menschen, die ermordet wurden.

Als ich begann, Gerechtigkeit für diese Taten zu fordern, beschuldigten mich die Menschen meiner Dorfgemeinschaft, ein Guerillero zu sein. Ein Katechet der Gemeinde rief mich auf eine Versammlung und fing plötzlich an, mich vor den übrigen Menschen als Subversiven zu beschuldigen. Er sagte ihnen, ich wäre der Anführer der Subversion von Pacux.

Eines Tages kamen einige ehemalige Mitglieder der Armee und die Militärkommissare von Pacux und verhörten mich. Sie bezeichneten mich als Guerillero und beschuldigten mich, die Leichen der ermordeten Menschen an die Ausländer zu verkaufen. Natürlich war nichts davon wahr. Ich musste für Unterkunft und Verpflegung auf-

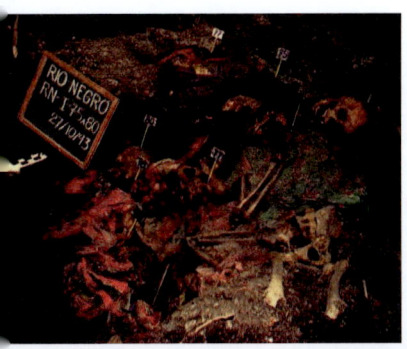
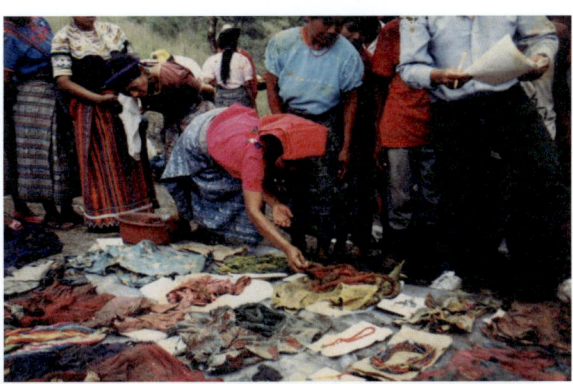
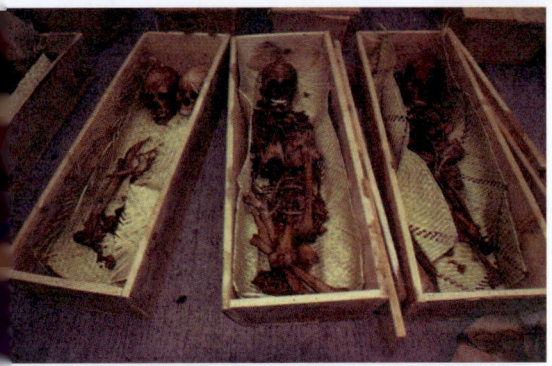

Exhumierung der Massengräber von Río Negro (oben)
und Xococ (rechts unten).

Gedenkfeier und Beerdigung der Opfer des Massakers
vom 13. März 1982

Fotos: EAFG (1997), Tecú

155

kommen, wenn ich zur Staatsanwaltschaft und zu den Menschenrechtsorganisationen fuhr. Es gab Tage, an denen ich nichts aß, weil es mir wichtiger war, Geld zu haben, um von hier nach dort kommen zu können. Der Hunger wurde zu meinem Begleiter im Kampf. Ich musste die Zeit nutzen, um die Anträge zu stellen, die noch ausstanden.

Am wichtigsten war mir, dass die Täter, die die Grundrechte der Personen verletzt hatten, der Justiz überstellt wurden. Nun schreckten mich die Drohungen nicht mehr. Mein Kampf gegen die Mörder wurde nur noch intensiver.

Carlos Chen

Pedro González

Fermín Lajuj

Am 14. Juni 1994 wurden Haftbefehle gegen Carlos Chen, Kommandant der PAC aus Xococ, Pedro González Gómez und Fermín Lajuj Xitumul erlassen. Sie wurden des Mordes, des schweren Raubes und illegalen Waffenbesitzes beschuldigt, der Taten, die gegen die Bevölkerung von Río Negro begangen worden waren. Als die drei Betroffenen von ihrem Haftbefehl erfuhren, versteckten sie sich zwei Wochen in der Militärbasis von Salamá. Sie baten den Kommandanten der Militärbasis, die Bevölkerung von Rabinal zu bedrohen.

Eines Samstags im Monat Juni des Jahres 1994 bat der Kommandant des Standortes Salamá den Kommandanten der Militärkommissare von Rabinal, Lucas Tecú, die Militärkommissare und die Patrulleros von Rabinal vorzuladen. An jenem

Samstag kamen fast alle achthundert Patrulleros zum Fußballplatz. Der Kommandant des Stützpunktes hielt eine knapp zwei Stunden lange Rede. Seine Mitteilungen waren an die Zivilisten gerichtet, die sich mit den Menschenrechtsorganisationen eingelassen hatten. Er gab ihnen zu verstehen, dass ihnen das gleiche Schicksal blühen werde wie jenen Personen, die sich in den 80er Jahren mit der Guerilla eingelassen hatten. Die Leute von Chichupac, Plan de Sánchez und Río Negro wurden wegen der Exhumierungen, die sie durchgeführt hatten, explizit bedroht.

Der Kommandant wollte, dass die Massaker von Rabinal ungesühnt blieben. Damit hatten die drei Patrulleros von Xococ ihr Ziel erreicht, denn der Kommandant hatte klargestellt, dass die Überlebenden von Río Negro weder mit den Exhumierungen fortfahren noch die für die Massaker verantwortlichen Patrulleros beschuldigen dürften. Alle aus Pacux waren besorgt wegen dieser Drohungen. Ich war sehr traurig.

Die Bewohner beschuldigten mich wegen des Vorfalls und waren der Meinung, an allem wäre die Anzeige wegen der geheimen Massengräber Schuld. An diesem Tag machte ich mir große Sorgen, weil dem Militär jede Aktion gegen die Überlebenden zuzutrauen war. Deshalb beschlossen wir, die Medien über die Drohungen des Kommandanten zu informieren. Die Sache interessierte die Medienleute und einige fuhren zum Ort des Geschehens. Dort begannen sie mit ihren Recherchen, die sie später veröffentlichten. Diese Veröffentlichungen bewirkten etwas: Der Kommandant des Stützpunktes wurde an einen anderen Ort versetzt und belästigte uns nie wieder. An diesem Tag ärgerte sich der Chef der Militärkommissare Lucas Tecú über die Informationen, die in den Medien publiziert worden waren, und äußerte:

Die Informationen für diese Veröffentlichung stammen
von diesen beiden Wichsern aus Pacux.

Wir kämpften weiter. Die drei Paramilitärs, die sich in der Militärbasis versteckt hatten, erschienen am 25. Juli 1994 vor der Abteilung für Strafsachen des Amtsgerichts. Die Artikel, die in ganz Guatemala veröffentlicht worden waren, hatten positive Auswirkungen, denn am selben Tag machten die Beschuldigten vor Gericht ihre Aussage. Sie wurden in Untersuchungshaft genommen. Sie baten, gegen Kaution freigelassen zu werden, aber dies geschah nicht, weil die Delikte, die ihnen zur Last gelegt wurden, von öffentlichem Interesse waren. Damals war die Generalstaatsanwaltschaft von Guatemala die einzige Institution, die darüber wachte, dass die Schuldigen der Massaker bestraft wurden. Doch das reichte mir nicht, ich wollte einen vertrauenswürdigen Anwalt haben, der mir den Verfahrensablauf erklärte.

Auch wenn die Beschuldigten schon einen Monat im Gefängnis verbracht hatten, wuchs meine Angst Tag für Tag, denn ich dachte, sie könnten jeden Moment freigelassen werden. Die Generalstaatsanwaltschaft lieferte mir alle Informationen über den Fall, aber ich war nicht zufrieden. Darum reiste ich in die Hauptstadt, um rechtliche Unterstützung bei den Menschenrechtsorganisationen zu bekommen. Niemand wollte mir helfen. Ich habe nie verstanden, warum die Organisationen so gehandelt haben. Mir blieb nichts anderes übrig, als weiter den Beistand der Generalstaatsanwaltschaft zu suchen.

Meine Besuche bei der Generalstaatsanwaltschaft wurden häufiger. Ich verlangte von ihnen, dass sie die drei Angeklagten nicht freiließen, weil sie die Drahtzieher des Massakers von Panima' oder

Río Negro waren. Bei einem dieser Besuche hörte ich, dass der Staatsanwalt den Prozess wegen Mangels an Beweisen schließen wollte. Ich erbat unverzüglich juristische Unterstützung beim Büro des Menschenrechtsbeauftragten und eine Überprüfung durch MI-NUGUA[70], damit das Verfahren nicht eingestellt und die Zeugenaussagen der Überlebenden des Massakers in Río Negro berücksichtigt würden. Die Generalstaatsanwaltschaft nahm die Aussagen von zehn Überlebenden auf. Dies waren eindeutige Schritte von Seiten der Generalstaatsanwaltschaft, aber ich vertraute ihnen nicht mehr.

Immer wieder fragte ich nach dem Prozess. Ich wollte wissen, ob alles normal verlief oder es zu Verzögerungen kommen würde. Ich wurde nicht müde, mein Zeugnis vor der Generalstaatsanwaltschaft zu wiederholen. Ich erzählte ihnen auch, unter welchen Bedingungen ich gelebt hatte, als ich der Sklave von Pedro González gewesen war.

Außerdem unternahm ich folgendes: Ich besorgte die Akten und Bescheinigungen, die die Patrulleros in der Stadtverwaltung von Rabinal unterzeichnet hatten, als sie die entführten Kinder ihren Familienangehörigen übergeben hatten. So wollte ich dem zuständigen

---

[70] Die UN-Mission zur Überwachung des Friedensabkommens in Guatemala *MINUGUA (Misión de Naciones Unidas para Guatemala)* wurde 1994 im Rahmen des Friedensprozesses ins Leben gerufen. Die meisten Mitarbeiter von MINUGUA auf Distriktebene waren UNO-Freiwillige. Ihre Arbeit bestand darin, die Einhaltung der Vereinbarungen des Friedensabkommens von 1996 zu verifizieren und zu unterstützen, die Einhaltung der Menschenrechte zu sichern, die Rückführung von Flüchtlingen zu organisieren, soziale, wirtschaftliche und landwirtschaftliche Aufgaben wahrzunehmen, die Rechte der indigenen Bevölkerung durchzusetzen, die Stärkung der zivilen Kräfte und die Neuorientierung der Armee innerhalb einer demokratischen Gesellschaft. Ende 2004 hat MINUGUA die Arbeit in Guatemala beendet.

Staatsanwalt beweisen, dass die Kinder Augenzeugen des Massakers gewesen waren und dass sie bei den Patrulleros gelebt hatten.

Ich wollte die Bescheinigung finden, die Pedro González unterzeichnet hatte und die bestätigte, dass ich zwei Jahre bei ihm gelebt hatte. Dieses Dokument war beim Prozess gegen die drei Drahtzieher des Massakers äußerst hilfreich.

Als die Beschuldigten erfuhren, dass Beweismittel zusammengetragen wurden, um sie bei Gericht einzureichen, drohten sie dem zuständigen Staatsanwalt. Sein Assistent sagte ihm:

Wenn du die Anklage unterschreibst, muss dir klar sein, dass du dein Urteil unterschreibst.

Am 20. März 1996 zeigte sich der Bezirksstaatsanwalt besorgt über das, was ihm da zu Ohren gekommen war. Trotzdem beantragte er einen Eröffnungsbeschluss für die Verhandlung. Schließlich teilte mir die Generalstaatsanwaltschaft mit, dass am 9. Mai 1996 das Gerichtsverfahren gegen die Angeklagten Pedro González Gómez, Carlos Chen und Fermín Lajuj Xitumul beginnen würde. Die Angeklagten wurden für das Gerichtsverfahren in das Gefängnis von Cobán überführt. An diesem Tag fühlte ich mich zufrieden und ruhig, ich dachte:

Jetzt hoffe ich nur, dass die Zeugen keine Angst haben auszusagen und dass die Richter auch eine Strafe verhängen.

Am 27. Mai 1996 forderte die Verteidigung, das Amnestiedekret 38 / 88[71] auf ihre Mandanten anzuwenden. Am 7. Juli 1996 lehnt die Abteilung für Strafsachen des Amtsgerichtes dieses ab. Am 15. Juli desselben Jahres wurde das Verhandlungsdatum festgelegt.

Am 5. August 1996 legte die Verteidigung Widerspruch gegen die Ablehnung der Amnestie ein.

Die Abteilung für Strafsachen des Amtsgerichts von Cobán lud uns für die öffentliche Hauptverhandlung vor. Die Verhandlung würde am 6. August 1996 um neun Uhr beginnen. An diesem Tag mussten wir im Morgengrauen von Rabinal aufbrechen, um zur angegebenen Uhrzeit im Gericht zu sein. Der Bus verließ Rabinal gegen zwei Uhr morgens. Gegen sieben Uhr morgens kamen wir in Cobán an. Ich frühstückte in Begleitung der zehn Zeugen. Wir taten so, als ob wir guten Mutes wären, aber in Wirklichkeit machten wir uns große Sorgen wegen der Konsequenzen, die uns unsere Aussagen einbringen könnten. Ich versuchte die anderen aufzumuntern, indem ich ihnen sagte:

> *Wir sind dabei, Gerechtigkeit zu fordern. Wir tun das für uns, für unsere Kinder und für unsere indigenen Brüder und Schwestern. Wenn sie uns töten, soll unser Tod Samen der Hoffnung sein für den Kampf um Gerechtigkeit.*

---

[71] Es ist wahrscheinlich das Dekret 32 / 88 aus dem Jahre 1988 gemeint, das allen Personen, die bis 1988 in irgendeiner Form politische Straftaten oder Straftaten gegen die öffentliche Ordnung begangen haben, eine Amnestie gewähren sollte. Dieses Dekret hat sich eigentlich auf die Militärs bezogen, die zweimal versucht hatten, gegen die relativ liberale Regierung Cerezo (1986 – 1991) zu putschen. Es hat zwischen 1982 und 1988 in Guatemala insgesamt zwölf sehr unterschiedliche Amnestien gegeben.

Gegen zehn Uhr morgens setzte das Gericht die Verhandlung aus und gab dem Widerspruch zugunsten der Angeklagten statt. Beim Verlassen des Gerichtes sagten uns die Verwandten und Freunde der ehemaligen Patrulleros:

Schämt ihr euch nicht, aus Eigennutz hinter MINUGUA herzulaufen? Hungerleider! Aber wenn unsere Kameraden aus dem Gefängnis kommen, werden wir euch umbringen.

Trotz der Drohungen kämpften wir weiter. Wir kämpften wegen unserer ermordeten Familienangehörigen und damit ihr Tod von der Justiz gesühnt würde.

Nach der Aussetzung der Verhandlung setzte ich meinen Kampf fort. Ich hatte ein Auge auf die Untersuchungen der Staatsanwaltschaft von Salamá und Cobán und wartete geduldig auf die Wiederaufnahme der Verhandlung. Mir war sehr wichtig, den Verlauf des Verfahrens zu kontrollieren. Manchmal reiste ich ein oder zweimal pro Monat zur Generalstaatsanwaltschaft, um den Prozess zu beobachten und zu überprüfen, ob die Beschuldigten im Gefängnis waren. Ich mischte mich ständig in das Verfahren ein und machte mir Sorgen, weil die Mörder meine Familie angreifen könnten.

Die Verteidigung begann eine juristische Schlacht, indem sie Widerspruch bei allen Instanzen einreichte. Zum Beispiel: Am 12. August 1996 bestätigte die 12. Berufungskammer die Entscheidung des Amtsgerichtes und lehnte die von der Verteidigung geforderte Amnestie ab. Am 16. August 1996 legte die Verteidigung Widerspruch gegen die 10. Kammer des Berufungsgerichtshofes ein. Am

31. August gab der Oberste Gerichtshof dem Widerspruch der Antragsteller vorläufig statt. Am 12. September widerrief der Oberste Gerichtshof seine Entscheidung. Am 22. November lehnte der Oberste Gerichtshof den Widerspruch der Verteidigung ab. Am 10. Januar 1997 reichte die Verteidigung Widerspruch gegen diese Entscheidung ein. Am 16. Januar gab der Oberste Gerichtshof dem Widerspruch statt und überstellte die Rechtssache am 6. Februar 1997 dem Verfassungsgericht. Am 21. Oktober 1997 lehnte das Verfassungsgericht die Amnestie für die Beschuldigten ab.

In der letzten Oktoberwoche des Jahres 1998 lud uns die Strafkammer von Salamá zum 9. November 1998 für die Verhandlung vor. An diesem Tag waren meine Mitstreiter, die Zeugen, sehr besorgt. Sie hatten keine Ahnung davon, was eine Verhandlung war. Einige sagten:

> *Warum stellen sie uns so viele Fragen? Wir wissen, dass die Patrulleros und die Soldaten unsere Familienangehörigen getötet haben.*

Durch die Beratung eines Anwaltes der Menschenrechtorganisation CALDH[72] verstanden wir nach und nach den ganzen Prozess.

---

[72] CALDH (Centro de Acción Legal en Derechos Humanos; Zentrum zur Strafverfolgung von Menschenrechtsverletzungen) ist eine guatemaltekische Menschenrechtsorganisation, die ihre Arbeit im Exil aufgenommen hat und 1994 nach Guatemala zurückgekehrt ist. Ein zentraler Aspekt der Arbeit von CALDH ist die Rechtsberatung und Vertretung von Opfern bzw. der Angehörigen von Opfern des Bürgerkriegs. International bekannt wurde CALDH durch die Einreichung der Klage wegen Verbrechen gegen die Menschlichkeit und Völkermord gegen die beiden Diktatoren Romeo Lucas Garcia (1978-1982) und Efrain Ríos Montt (1982-1983). Beide werden für unzählige Massaker gegen die schutzlose Zivilbevölkerung in Guatemala verantwortlich gemacht. Nach Jahren der Beweisaufnahme durch CALDH

Wir wussten nun, wie wir uns während der Verhandlung verhalten mussten. Nach diesem Gespräch waren wir alle entschlossen, in der Verhandlung auszusagen, und zwar trotz der Drohungen von Seiten der Familienangehörigen der Paramilitärs.

Am 9. November 1998 begann die Verhandlung in Anwesenheit der Zeugen, des Verteidigers und der Staatsanwaltschaft. Das Gericht forderte die Zeugen beider Parteien auf, sich aus dem Verhandlungssaal zurückzuziehen. Danach hörte es die Angeklagten an und verlas das Gutachten des Gerichtsmediziners.

Die ADIVIMA[73], die Organisation der Opfer der Gewalt in den Provinzen Alta und Baja Verapaz, rief alle Organisationen sowie die Angehörigen der Opfer aus Río Negro auf, am ersten Tag der Gerichtsverhandlung teilzunehmen und den Gerichtssaal zu füllen. Dieses Zeichen der Solidarität dauerte fort bis zum letzten Verhandlungstag.

---

hat der spanische Gerichtshof im Jahr 2006 einen internationalen Haftbefehl gegen Ríos Montt und siebe weitere des Völkermords beschuldigte ehemalige Regierungs-, Polizei- und Militärangehörige erlassen. Zum Prozess gegen General Lucas García hingegen wird es nicht mehr kommen, da dieser mittlerweile verstorben ist.

[73] Die 1994 gegründete ADIVIMA (Asociación para el Desarollo Integral de las Víctimas de la Violencia en las Verapaces, Maya Achí), ist eine Vereinigung, die sich für die Opfer der Gewalt in Alta und Baja Verapaz einsetzt, eine Basisorganisation mit Sitz in Rabinal. Sie engagiert sich in der Erinnerungsarbeit, kämpft für die Würdigung der Opfer und dafür, dass Verbrechen gegen die Menschlichkeit geahndet werden. Im Zusammenhang damit organisiert die ADIVIMA soziale und ökonomische Hilfeleistungen die Überlebenden solcher Verbrechen. Jesús Tecú ist Gründungsmitglied und Präsident der Organisation.

164

In den drei Tagen, die ich im Gericht eingeschlossen war, langweilte ich mich. Ich wollte schnell meine Aussage machen, weil ich die Last nicht mehr ertrug, die mich bedrückte.

Am 13. November 1998 hörte man die Zeugen der Staatsanwaltschaft an. Ich begann mit meiner Aussage. Ich trat in den Zeugenstand des Gerichts und der Vorsitzende Richter vereidigte mich. Dabei machte er mich darauf aufmerksam, dass ich die Wahrheit sagen musste. Andernfalls würde er mich festnehmen lassen und außerdem müsste ich eine Strafe bezahlen. Dies schreckte mich nicht, aber meine Aussage beunruhigte mich sehr wohl. Ich machte mir Sorgen, ob man verstehen würde, was ich sagen wollte, schließlich hing es von meiner

Prensa Libre vom 24.11.1996

Aussage ab, ob es zu einer Verurteilung käme. Ich begann mit meiner Aussage über das Massaker und erzählte den Mitgliedern des Gerichtes von der Feigheit, mit der die Patrulleros und Soldaten gehandelt hatten, bis ich an einen Punkt kam, an dem ich die schmerzhaften Erinnerungen nicht mehr ertrug. Ich brach vor den Richtern in Tränen aus. Nach meiner Aussage fühlte ich mich wie von einer Last befreit und zufrieden, weil ich gegen den Mörder meines kleinen Bruders Jaime ausgesagt hatte.

Am 16. November 1998 wurden die Zeugen der Staatsanwaltschaft weiter angehört, an diesem Tag sagte auch der Oberst Otto Erick Ponce Morales[74] aus.

Nachdem alle Zeuginnen und Zeugen ausgesagt hatten, fühlten wir uns befreit. Sie hatten es sehr gut gemacht, voller Mut und Hoffnung auf Gerechtigkeit.

Bei einer der Anhörungen wurden einige Überlebende wütend und wollten die Angeklagten lynchen. Dank der Unterstützung unserer Anwälte konnten wir die Gemüter der Familienangehörigen wieder beruhigen.

Am 19. November 1998 wurden neue Beweise vorgelegt und ein Gerichtspsychologe angehört. Das Gutachten wurde verlesen und die Schlussfolgerungen zu den Akten genommen.

Am 30. November 1998 wurde das Urteil gefällt: Die Todesstrafe für die Angeklagten Carlos Chen, Pedro González Gómez und Fermín Lajuj Xitumul.

Gegen die Herren Miguel Alvarado Sic, Tomás Vino Alvarado, Francisco Alvarado Lajuj, Serapio Lajuj Cuxum, Juan de Dios Ismalej Alvarado, Pablo Ruiz Alvarado, Bonifacio Cuxum López, Macario Alvarado Lajuj, Lucas Lajuj Alvarado, Víctor González López und Jesús Alvarado Raimundo wurde ein Verfahren wegen Falschaussage eingeleitet.

---

[74] Dieser Oberst war zur Zeit der Massaker Kommandant der Militärbasis Cobán.

Wegen Mordes wurde gegen Pablo Ruiz Alvarado, Macario Alvarado Toj, Simeón Enríquez Gómez, Ambrocio Pérez Lajuj, Cristóbal Mendoza, Jesús Alvarado Raimundo, Gabriel Cuxum Alvarado, Francisco Cuxum Alvarado, Marcelo Lajuj Osorio, Tomás Alvarado Toj, Lucas Lajuj Alvarado, Francisco Alvarado Lajuj, Victoriano Lajuj, Tomás Vino Alvarado, Víctor González López, Miguel Alvarado Sic, Serapio Lajuj Cuxum und Bonifacio Cuxum López ein Verfahren eingeleitet. Sie hatten Marta Julia Chen Osorio, Demetrio Osorio Lajuj und Margarita Chen Uscap ermordet.

Die Überlebenden waren überglücklich, als sie das Urteil hörten. Sie waren sich sicher, dass die Todesstrafe vollstreckt werden würde. Geschehen ist dies allerdings nicht.

Am 16. Dezember 1998 legte der Verteidiger das Rechtsmittel der Berufung ein. Er wies darauf hin, dass es ausreichende Gründe gebe, um den Prozess und folglich auch das Urteil zu annullieren.

Am 1. Februar 1999 beantragte die Generalstaatsanwaltschaft Haftbefehl gegen die Zeugen der Paramilitärs, die der Falschaussage und des Mordes angeklagt wurden.

Auf Antrag des Verteidigers annullierte die 14. Kammer des Berufungsgerichtshofes mit Sitz in Cobán am 25. Februar 1999 den Prozess gegen die Mörder. Die Zeugen waren verärgert und sagten:

> *Wir haben umsonst Zeit in der Verhandlung verplempert, weil die Mörder nie bestraft werden.*

Ich sagte ihnen:

Wir brauchen Geduld! Das Wichtigste ist, dass diese
Mörder in Haft bleiben und wir weiterkämpfen können.

Am 18. März 1999 reichte die Staatsanwaltschaft Revision ein. Sie machte geltend, dass die 14. Kammer des Berufungsgerichtshofes Punkte anerkannt hatte, um deren Anerkennung die Gegenpartei sie gar nicht gebeten hatte. Das Rechtsmittel der Revision wurde glattweg zurückgewiesen, weil man den Antrag stellenden Staatsanwalt nicht als Rechtspersönlichkeit anerkannte. Nach all dem fand ich mich damit ab, dass die Patrulleros ins Gefängnis zurückkehrten. Ich war entschlossen, einem neuen Gerichtsverfahren die Stirn zu bieten, aber meine Mitstreiter wollten von einem zweiten Gerichtsverfahren nichts mehr wissen. Nach und nach überzeugte ich sie und ermutigte sie, das zweite Verfahren zu beginnen. Ich sagte ihnen:

Wir müssen kämpfen, um eine Verurteilung der Draht-
zieher des Massakers von Río Negro zu erreichen. Und
wenn sie von der Justiz nicht bestraft werden, so haben
wir wenigstens dem Dorf und der ganzen Welt bekannt
gemacht, was bei uns geschehen ist.

Schließlich wurde der Fall der Abteilung für Strafsachen des Departements El Progreso mit Sitz in Guastatoya zugewiesen. Diese legte den Termin für die Durchführung der Gerichtsverhandlung in Salamá auf den 7. September 1999 um neun Uhr.

Der Beginn der zweiten Verhandlung

Zwanzig Tage vor der zweiten Verhandlung trafen sich alle Zeugen, um ihre vorherigen Aussagen gemeinsam zu besprechen und

168

zu ergänzen. Wir hatten schon ein Gerichtsverfahren durchgemacht, wir hatten die Erfahrung, wie es ist, den Mördern im Verhandlungssaal die Stirn zu bieten, aber ich bezweifelte, dass der Richter dieselbe Strafe aussprechen würde, die wir zuvor erreicht hatten. Ich hatte Angst, dass meine Mitstreiter sich nicht an die Details erinnern würden, die wir in der ersten Verhandlung erläutert hatten.

Deshalb beantragte ich für den Fall Río Negro einen Sonderstaatsanwalt. Ernannt wurde der Rechtsanwalt Fredy Fernández. Er hatte eine positive Einstellung und war sehr aktiv. Vor allem aber handelte er während des Prozessverlaufs stets professionell.

Am 7. September 1999 begann die öffentliche Hauptverhandlung vor der Abteilung für Strafsachen von Salamá. Die Patrulleros Carlos Chen, Pedro González Gómez und Fermín Lajuj Xitumul waren wegen Mordes, schweren Raubes und illegalen Waffenbesitzes angeklagt.

Erneut wurden die Aussagen der Paramilitärs angehört. Sie legten dar, sie seien am 13. März 1982 mit der ganzen Dorfgemeinschaft ausgezogen, um die Quelle abzusichern, die das Dorf mit Wasser versorgte. Sie seien Mitglieder des Trinkwasserkomitees gewesen. Sie hätten beschlossen, in der Umgebung der Quelle Bäume zu pflanzen.

Dann wurde die Aussage eines von der Verteidigung vorgeschlagenen Sachverständigen angehört, der die Fragen des Staatsanwaltes beantwortete. Er wies darauf hin, dass ein junger Mensch die Bilder eines gewalttätigen Geschehens, wie dies beim gewaltsamen Tod eines Familienangehörigen der Fall sei, im Gedächtnis bewahren könne. Dies seien Bilder, die das Kind nie vergessen könne.

Danach wurden die Aussagen der Sachverständigen des *Teams der Forensischen Anthropologie Guatemalas* EAFG angehört. Sie erläuterten die Ergebnisse der Analysen, die sie bei der Exhumierung der Leichen von Río Negro an den Skeletten durchgeführt hatten. Außerdem wiesen sie auf die Todesursachen von Marta Julia Chen Osorio hin, die man anhand der Stellung ihrer Schneidezähne sowie wegen des siebeneinhalb Monate alten Fötus identifiziert hatte, den man in der Beckenregion des Opfers gefunden hatte. Die identifizierte Person starb den Sachverständigen zufolge an den Folgen der Frakturen im Hals-Schulter und Armbereich sowie an den Folgen gezielter Schläge. Sie hatte 17 Frakturen am ganzen Körper.

Eine andere der von den Gerichtsmedizinern identifizierten Personen war Demetria Osorio Lajuj. Sie wurde an der Metallkrone wieder erkannt, die sie an einem Schneidezahn hatte. Der Tod der Frau erfolgte durch gezielte Schläge, die Frakturen am Schädel und an den Rippen hervorriefen. Margarita Chen Uscap wurde unter Vorbehalt anhand ihres Gebisses identifiziert, weil es Anzeichen dafür gab, dass es in einem sehr guten Zustand gewesen war.

Wir sagten nach den Sachverständigen aus. Von neuem berichteten wir von den Grausamkeiten der Männer während des Massakers am 13. März. Die Patrulleros hatten uns mit dem Tode gedroht, wenn wir noch einmal aussagen würden, aber das war uns egal. Wir sagten voller Mut und Hoffnung darauf aus, dass das Recht angewendet werden würde.

Als ich meine Aussage beendet hatte, ging ich auf den Korridor des Gerichtes hinaus, um mich auszuruhen. Es kam die Mittagszeit und das Gerichtsverfahren wurde ausgesetzt. Pedro González nutzte die Gelegenheit, um zur Toilette zu gehen. Als er in meiner Nähe vorbeiging, sagte er mir:

Es wäre nicht schwer für mich, dich mit einem einzigen Schlag umzubringen, wie ich es bei deinem Bruder gemacht habe.

Ich antwortete ihm nicht.

Nach unserer Aussage wurde Oberst Otto Erick Ponce Morales angehört. Er erklärte, dass er am 10. Juni 1982 den Posten des Kommandanten der Militärbasis Cobán übernommen hatte. Weiterhin legte er dar, dass die Komitees der zivilen Selbstverteidigung entstanden seien, um sich gegen die Angriffe der Guerilla zu verteidigen.

Später sagte General Julio Fidencio Otzoy Colaj aus. Er erklärte, dass er im Jahr 1982 das Amt des Vizeverteidigungsministers ausgeübt habe, dass sein Arbeitsplatz administrativ gewesen sei und dass er deshalb nichts mit den zivilen Selbstverteidigungspatrouillen zu tun gehabt habe.

Es sagten elf Patrulleros aus, die von der Verteidigung vorgeschlagen worden waren. Alle wiesen darauf hin, dass sie am 13. März 1982 nach Chiximin gegangen seien, um Bäume zu Sicherung der Trinkwasserquelle zu pflanzen.

Nachdem die Zeugen der Staatsanwaltschaft und der Verteidigung ausgesagt hatten, präsentierte der Sonderstaatsanwalt dem Gericht neue Beweise, unter anderem die Erklärung des Generals Manuel Benedicto Lucas[75] und die zweier ehemaliger Patrulleros.

General Lucas sagte aus, dass die zivilen Selbstverteidigungspatrouillen als Informanten des Militärs fungiert hätten, um jede Situation kontrollieren zu können. Dies habe dazu gedient, Pläne gegen etwaige Aktionen der Guerrilla auszuarbeiten und gegen dergleichen vorzugehen. Diese Gruppen seien ganz offiziell von der Regierung Ríos Montts gegründet worden. Er erzählte auch, dass er einmal auf dem Fußballplatz von Rabinal gewesen sei, um diese Einheit der PAC zu besichtigen.

Die beiden ehemaligen Patrulleros sagten aus, dass sie 1981 vom Chef der Militärkommissare, Lucas Tecú, zum Flugplatz bestellt worden seien. Daran hätten an die eintausend Menschen aus 27 Dörfern teilgenommen, die später die zivilen Selbstverteidigungspatrouillen gebildet hätten.

Nachdem alle ausgesagt hatten, verlas man vorliegende Beweisdokumente und zog daraus Schlussfolgerungen.

Am 7.Oktober 1999 ist das Urteil verkündet worden. In der Urteilsbegründung wird folgendes erklärt:

I. Die Angeklagten Carlos Chen, Pedro González Gómez und Fermín Lajuj Xitumul werden bezüglich des Deliktes des schweren Raubes freigesprochen.

II. Die Angeklagten Carlos Chen, Pedro González Gómez und

---

[75] General Lucas war in der fraglichen Zeit Stabschef der guatemaltekischen Armee.

Fermín Lajuj Xitumul, werden des Deliktes des illegalen Waffenbesitzes freigesprochen.

III. Die Angeklagten Carlos Chen, Pedro González Gómez und Fermín Lajuj Xitumul werden bezüglich des Deliktes des Mordes an Margarita Chen Uscap, Jaime Tecú Osorio, freigesprochen . . .

IV. Die Angeklagten Carlos Chen, Pedro González Gómez und Fermín Lajuj Xitumul werden für die Ermordung sowie für die Verletzung der körperlichen Unversehrtheit von Marta Julia Chen Osorio und Demetría Osorio Lajuj verantwortlich gemacht.[76]

V. Wegen zweifachen Mordes wird gegen die Angeklagten Carlos Chen, Pedro González Gómez und Fermín Lajuj Xitumul die Todesstrafe verhängt.

VI. Gegen Miguel Alvarado Sic, Tomás Vino Alvarado, Francisco Alvarado Lajuj, Serapio Lajuj Cuxum, Juan de Dios Ismalej Alvarado, Pablo Ruiz Alvarado, Bonifacio Cuxum López, Macario Alvarado Lajuj, Lucas Lajuj Alvarado, Víctor González López und Jesús Alvarado Raimundo wird die Distriktstaatsanwaltschaft Ermittlungen wegen Falschaussage aufnehmen.

VII. Gegen Pablo Ruiz Alvarado, Macario Alvarado Toj, Simeón Enríquez Gómez, Ambrocio Pérez Lajuj, Cristóbal Mendoza, Jesús Alvarado Raimundo, Gabriel Cuxum Alvarado, Francisco Cuxum Alvarado, Marcelo Lajuj Osorio, Tomás Alvarado Toj, Lucas Lajuj Alvarado, Francisco Alvarado Lajuj, Victoriano Lajuj, Tomás Vino Alvarado, Víctor González López, Miguel Alvarado Sic, Serapio Lajuj Cuxum und Bonifacio Cu-

---

[76] Da einzig und allein Marta Julia Chen Osorio und Demetría Osorio Lajuj, unter den am 13. März 1982 hingerichteten 70 Frauen und 107 Kindern, eindeutig identifiziert werden konnten, spricht das Gericht nur in diesen beiden Fällen von Mord.

xum López wird wegen zweifachen Mordes an Marta Julia Chen Osorio und Demetría Osorio Lajuj ein Verfahren eingeleitet. Sie hatten Marta Julia Chen Osorio und Demetría Osorio ermordet.

VIII. Gegen den Hauptmann der Streitkräfte der Republik Guatemala, José Antonio Solares González[77], wird wegen zweifachen Mordes ein Verfahren eingeleitet.

Am 1. Februar des Jahres 2000 änderte die 14. Kammer des Berufungsgerichtshofes mit Sitz in Cobán die Todesstrafe in eine nicht zur Bewährung aussetzbare Haftstrafe von 30 Jahren für jeden Mord ab, was eine nicht zur Bewährung aussetzbare Gesamtstrafe von 60 Jahren ausmacht.

Im Moment drängen wir noch darauf, den Tod mehrerer ermordeter Menschen aus Río Negro aufzuklären und die Drahtzieher und Hintermänner dieses Völkermordes zu finden.

Nuestro Diario vom 2. Februar 2000

---

[77] José Antonio Solares González ist während der Massaker der Kommandant des Militärstützpunktes Rabinal gewesen. Er hat in dieser Funktion u. a. die Einheit des staatlichen Militärs befehligt, die am Massaker in Río Negro beteiligt war. Laut ADIVIMA ist er heute (Oktober 2004) trotz Verurteilung immer noch auf freiem Fuß.

Kapitel 12

Die Welt unterstützt meine Arbeit

Internationale Organisationen zeichnen Menschenrechtsaktivisten aus

Uns beachtet man in diesem Land
nur aus Egoismus:
Politiker stellen sich über uns,
Landbesitzer beuten uns aus,
Religionen verwirren uns,
und Tourismusbüros stellen uns aus.

Die gelbe Blume der Gräber
Humberto Ak'abal

Die Anerkennung, die ich von den internationalen Organisationen erhalten habe

Als damit angefangen habe, mich für die Aufklärung der Massaker von Río Negro einzusetzen, hätte ich nie gedacht, dass man mich eines Tages für diese Bemühungen auszeichnen würde. Noch viel weniger hatte ich mir ausgemalt, in ein anderes Land zu reisen. Ich begann meinen Kampf mit dem Ziel, Gerechtigkeit für meine Familie und meine ermordeten indigenen Brüder und Schwestern zu suchen.

Anfang März 1994 lud mich eine Bekannte aus den Vereinigten Staaten, die von Angehörigen der Streitkräfte Guatemalas missbraucht worden war, zu einer Reise nach Washington ein. Dort gab ich Pressekonferenzen, traf mich mit mehreren Parlamentariern und mit Vertretern von Menschenrechtsorganisationen. Ich erzählte ihnen von der Menschenrechtssituation in Guatemala.

Als ich in mein Land zurückkehrte, schlug mir ein Freund, der für EPICA[78] („Ökumenisches Programm für Mittelamerika und die Karibik") arbeitete, vor, mich für den Reebok Menschenrechtspreis[79]

---

[78] EPICA (Ecumenical Program in Central America and the Caribbean) ist eine Non-Profit-Organisation mit Sitz in Washington, die sich der Solidarität und der Unterstützung der Armen in Mittelamerika, Mexiko und der Karibik widmet. Seit über 30 Jahren arbeitet EPICA mit zahlreichen Basisorganisationen und kirchlichen Organisationen zusammen. Zentrale Punkte dabei sind: Analyse der sozialen Zustände, theologische Reflexion und das Streben nach Gerechtigkeit (www.epica.org).

[79] Den „Reebok Human Rights Award" vergibt die US-amerikanische Sportartikel-Firma Reebok an Menschen, die sich in besonderer Weise um

zu bewerben. Mit seiner Hilfe überprüfte ich die Voraussetzungen und begann die Formalitäten für die Kandidatur.

Im März 1995 lud mich die Organisation „Witness For Peace"[80] auf eine Reise nach Chicago, USA, ein, wo ich Stiftungen, Kirchen und Menschenrechtsorganisationen besuchte.

Die amerikanischen Organisationen, die ich während meiner Reise besuchte, unterstützten mich bei meiner Kandidatur für den Reebokpreis.

Eine von ihnen, „Rights Action"[81], unterstützte mich mehrere Monate lang und kämpfte dafür, dass mir der Preis zuerkannt würde.

Danach, im Oktober 1996, erhielt ich eine wichtige Nachricht: Mir wurde mitgeteilt, dass ich am 7. Dezember nach Boston, USA, reisen sollte, weil ich den Reebok Menschenrechtspreis gewonnen hatte.

---

die Durchsetzung der Menschenrechte verdient gemacht haben. Seit 1988 haben den Preis 84 Menschen aus über 38 Ländern erhalten (vgl. www.reebok.com/humanrights).

[80] Diese Menschrechtsorganisation mit Sitz in Washington ist 1983 zur Unterstützung der Menschen in Nicaragua gegründet worden, auf Spanisch nennt sie sich „Acción Permante Para la Paz" (APP). Schwerpunkte sind Nicaragua, Mexiko und Kolumbien. „Witness For Peace" ist eine Basis-Organisation, die sich der Gewaltfreiheit verschrieben hat und versucht, die negativen Folgen der US-amerikanischen Politik und der Vorgehensweise US-amerikanischer Firmen in Lateinamerika anzuprangern und zu korrigieren (www.witnessforpeace.org).

[81] „RightsAction" (Derechos en Acción) ist eine Menschenrechtsorganisation aus Kanada und den USA, die sich vor allem um Guatemala, Chiapas (Mexico), Honduras und Haiti kümmert (www.rightsaction.org).

Am 11. Dezember wurde mir der Preis überreicht. Es war ein besonderer Tag für mich, ein Tag tiefer Freude, aber auch ein Tag, an dem ich eine große Verpflichtung einging: Die, meinen Kampf für die Menschenrechte und für die Bildung eines gerechteren und menschlicheren Staates fortzusetzen.

Das Preisgeld betrug 25.000 US-Dollar. Ich beschloss, mit diesem Kapital eine Stiftung zu gründen, die soziale und humanitäre Ziele verfolgt und sich hauptsächlich für die Bildung und ganzheitliche Entwicklung der Menschen, die von den politisch motivierten Gewalttätigkeiten betroffen waren, einsetzt.

1997 fällte ich die Entscheidung, einen Vorstand für die neue Stiftung zu bilden, und in diesem Gremium beschlossen wir gemeinsam, die „Stiftung Neue Hoffnung" (Fundación Nueva Esperanza, Río Negro, Rabinal) ins Leben zu rufen.

Der Vorstand beschloss, mit Stipendienprogrammen zu arbeiten. Die begünstigten Schüler sollten Jugendliche mit geringen finanziellen Ressourcen sein, die darüber hinaus von der politischen Gewalt in den ländlichen Dörfern um Rabinal betroffen waren.

Die grundlegenden Ziele der Stiftung sind:

a) Den Familien, die von den gewaltsamen Übergriffen in Rabinal schwer betroffen wurden, soweit es der Stiftung möglich ist, eine Schul- und Berufsausbildung durch Zuschüsse zu den Schul- und Ausbildungsgebühren von Grundschulen, weiterführenden Schulen und Universitäten zu ermöglichen.

b) Den Stipendiaten eine Schulbildung, berufliche und soziale Bildung zu ermöglichen, die darauf ausgerichtet ist, die Ursachen und Auswirkungen der Gewalt in der jüngsten Vergangenheit zu überwinden.

c) Bei den Stipendiaten ein Bewusstsein für die Entstehungsgeschichte und die Bedeutung dieser Stiftung zu schaffen.

d) Bei den Stipendiaten ein Bewusstsein für ihre Würde sowie für die Achtung der Menschenrechte und der kulturellen Unterschiede zu schaffen.

e) Mit Institutionen zusammenzuarbeiten, die ähnliche Ziele haben, vorausgesetzt, dass die Umstände des jeweiligen Falles es erlauben.

f) Zur Förderung von Rechtsstaatlichkeit, Gerechtigkeit und wahrer Demokratie beizutragen und

g) der Bevölkerung ihre Würde zurückzugeben und die Achtung der Menschenrechte, der individuellen Unterschiede sowie der Toleranz zu fördern.

Viele Leute kritisierten den Reebokpreis, den ich empfing, weil sie glaubten, dass ich ihn auf Kosten der ermordeten Menschen empfangen hatte. Nichts davon stimmte. Man wies mir den Preis als Anerkennung für die Arbeit zu, die ich zur Verteidigung der Menschenrechte geleistet hatte. Die Menschen meiner Gemeinde behandelten mich schlecht und nannten mich korrupt, weil ich das Preisgeld, das man mir gegeben hatte, nicht verteilen wollte. Einmal riefen sie mich zu einer Versammlung und fragten mich, was aus dem Geld geworden sei, wofür ich es investiert hätte. Ich sagte ihnen:

Wir gründen eine Stiftung, um die durch den Preis erhaltenen Mittel zu vervielfachen. Das Geld, das ich erhalten habe, reicht alleine nicht lange aus, um Stipendien zu vergeben. Die Begünstigten werden Mädchen,

Jungen und junge Erwachsene sein, damit sie eine bes-
sere Zukunft haben.

Viele ärgerten sich, als sie hörten, was ich gründen wollte. Die Ex-Soldaten und Ex-Militärkommissare, die in der Versammlung waren, drohten mir mit dem Tod. Sie versuchten die Stiftung zu zerstören, aber es gelang ihnen nicht.

Unser Wunsch, die Menschen zu unterstützen, die es am meisten brauchten, war so groß, dass wir beschlossen, auch Personen zu unterstützen, die die Absicht gehabt hatten, die Stiftung zu zerstören.

Die Verdächtigungen der Leute trafen mich zutiefst, aber sie gaben mir auch Energie zum Weiterkämpfen.

Zur Zeit bin ich weiterhin auf der Suche nach Projekten, die neue Alternativen bieten, damit eines Tages alle, die von der staatlichen Gewalt betroffen waren, zufrieden sind, weil sie ein Stipendium haben und sich schulisch weiterbilden können. Das ist die Vision der *Fundación Nueva Esperanza.*

Kapitel 13

Bilder, die ich in meinem Gedächtnis bewahre

Eine Tragödie, die sich nicht wiederholen darf

Ein Bild sagt mehr als 1000 Worte.

Chinesisches Sprichwort

182

Erinnerungen an das Massaker vom 13. März 1982.
Alle Bilder gezeichnet von Jesús Tecú

Abkürzungsverzeichnis

ADIVIMA	Asociación para el Desarollo Integral de las Víctimas de la Violencia en las Verapaces, Maya Achí; Nichtregierungsorganisation aus Rabinal
EAFG	Equipo de Antropología Forense de Guatemala; dt. Team der Forensischen Anthropolgie Guatemalas.
INDE	Instituto Nacional de Electrificación; staatliche Stromproduzent Guatemalas
EGP	Ejército Guerrillero de los Pobres; dt. Guerilla-Armee der Armen
PAC	Patrullas de Autodefensa Civil
CUC	Comité de Unidad Campesina; guatemaltekische Kleinbauerbewegung
MINUGUA	Misión de Naciones Unidas para Guatemala; UN-Mission zur Überwachung des Friedensabkommens in Guatemala
CALDH	Centro de Acción Legal en Derechos Humanos; Zentrum zur Strafverfolgung von Menschenrechtsverletzungen

Glossar

Atarraya	Rundes Netz zum Fischen in flachen Flüssen und Fischgründen
Atol	Zähflüssiges heißes Getränk, das aus verschiedenen Grundzutaten, meistens jedoch aus Mais, hergestellt wird
Boj	Berauschendes Getränk, das typisch für die nördliche Region Guatemalas ist
Campesino	Meist sehr arme Kleinbauern, die zur Überlebenssicherung Ackerbau betreiben
Centavo	Guatemaltekische Währungseinheit; 100 Centavos entsprechen 1 Quetzal.
Conacaste	[Deutsch: Elefantenohr] tropischer Baum, dessen Holz in der Möbeltischlerei und Konstruktion benutzt wird
Contratista	Person, die in den Dörfern Arbeitskräfte für große Plantagen anwirbt
Frijol	Schwarze Bohnen; neben Mais wichtigstes Grundnahrungsmittel für die Landbevölkerung
Garrote	Stock, der als Wanderstab, Waffe oder für andere Zwecke benutzt wurde
Guacal	Aus der Frucht des Morobaumes hergestelltes traditionelles, bunt bemaltes Trink- und Essgefäß, sehr typisch in Rabinal
Guerilla	Nicht-reguläre Armee von Aufständischen, die gegen eine Besatzungsmacht, oder, wie im Falle Guatemalas, gegen die diktatorischen Regierungen des Landes einen Kleinkrieg führen, um die Regierungen zu stürzen und ein neues, gerechtes System zu schaffen. Von den Diktato-

ren als Feinde der „alten Ordnung" ausgemacht und mit allen Mitteln bekämpft.

Guerillero — Mitglied einer Guerillagruppe; Aufständischer; Untergrundkämpfer; Revolutionär

Indigen — [Lateinisch für einheimisch, eingeboren]. In Guatemala Maya und Xinca.

Indígena — Synonym für Ureinwohner, Indio, Maya. Bezeichnung für die ca. 65% der guatemaltekischen Bevölkerung, die den 21 verschiedenen Maya-Sprachgruppen angehört; im Landkreis Rabinal: Maya-Achí.

Judiciales — Paramilitärs und Angehörige des militärischen Geheimdienstes. Werden für unzählige Menschenrechtsverletzungen in Rabinal verantwortlich gemacht; auch als „Todesschwadrone" bezeichnet.

Ladino — Mestizen; Vertreter der nicht-indigenen Bevölkerungsgruppe, entweder aufgrund ihrer Abstammung (Mischlinge europäischer, meist spanischer und indigener Herkunft) oder aufgrund ihrer kulturellen Selbstzuschreibung. Nach letzterer Definition gelten auch Menschen indigener Herkunft als Ladinos, wenn sie sich von der traditionellen Lebensweise abgewendet haben und die spanische Sprache als Muttersprache anerkennen.

Los Costeños — Volkstanz aus Rabinal

Maicillo — Gleicht der Hirse; bei uns als Ziergras unter dem Namen „Mohrenhirse" bekannt. Traditionelles Grundnahrungsmittel in Guatemala.

Malanga — Grünpflanze mit handflächengroßen Blättern, deren graue Wurzeln gegessen werden

Militärkommissar — [Spanisch comisionado militar] 1938 von Präsident Ubico als Vertreter der Armee vor Ort geschaffen, um die Lücke, die aufgrund der fehlenden Ziviladministration auf dem Land bestand, zu schließen. Hauptaufgaben waren Rekrutierungen für den Militärdienst, Gefangennahme von Straftätern, Vorladungen und Einberufungen.

Nixtamal

In Kalkwasser halb weich gekochter Mais, der zur Herstellung von Tortillas benutzt wird

Ocote

Pinienart, deren Holz zum Feueranzünden benutzt wird

Palma

Palmzweige zur Herstellung von → Petate, → Sullate, und Sombreros. Wesentlicher Bestandteil der Gemeindeökonomie Río Negros

Panela

Aus dem Saft des Zuckerrohrs hergestellter brauner Rohzucker

Panima'

Traditioneller Name des Dorfes Río Negro in der Sprache Maya-Achí

Paramilitär

Außergesetzliche, bewaffnete Kampftruppe, die eigene oder staatliche Interessen mit militärischen Mitteln verfolgt. In Guatemala: Patrullas de Autodefensa Civil, die Judicales und die Militärkommissare als paramilitärische Organisation und verlängerter Arm des Militärs.

Parque Infantil

Sport- und Spielplatz in Rabinal, wo mehrere geheime Massengräber vermutet werden.

Patrullas de Autodefensa Civil (PAC)

dt. *Patrouillen für zivile Selbstverteidigung*; kurz: Paramilitär, Zivilpatrouillen oder Patrulleros, 1981 von der guatemaltekischen Armee als Teil ihrer Aufstandsbekämpfungspolitik geschaffen. Ihre wichtigste Funktion war es, die Dorfgemeinschaften aktiver in die Antiguerilla-Offensive einzubeziehen, die die Armee in Gang gesetzt hatte. 1982/83 umfassten sie ca. 900.000 zwangsrekrutierte Campesinos zwischen 15 und 60 Jahren, diese Zahl entspricht ca. 80 Prozent der männlichen Bevölkerung in den ländlichen, indigenen Gebieten. Insbeson-

	dere im Landkreis Rabinal sind sie aktiv an den Massakern beteiligt gewesen.
Patrulleros	Zivilpatrouillen; zwangsrekrutierte Mitglieder der → Patrullas de Autodefensa Civil (PAC)
Pedida	Indigener Brauch, einer Frau einen Heiratsantrag zu machen
Petate	Flechtwerk aus Palmfäden, die in Guatemala als Matratzenersatz benutzt wird
Tortilla	Fladen aus Maismasse
Quebrada	Flaches, breites Bachbett; in der Trockenzeit von November bis April ausgetrocknet
Quetzal	Guatemaltekische Währungseinheit. Bis 1976 war der Wechselkurs 1:1 an den US-Dollar gebunden. Heute (September 2006) entsprechen 7,6 Quetzales einem US-Dollar.
Río Negro	[Deutsch: schwarzer Fluss)] Heimatgemeinde von Jesús Tecú am río Chixoy, der von der Bevölkerung meist río Negro genannt wird.
Sullate	aus Palma geflechtetes Sitzkissen oder Matratzenersatz (dicker als Petate)
Vega	Ebenes und fruchtbares Land, das normalerweise von einem Fluss bewässert wird; Auenland
Zivilpatrouillen	→ Patrulleros

Literatur und Quellenmaterial

Ak`abal, Humberto, Los días. In: La Jornada, Ojarasca, suplemento mensual no. 43, nov. 2000. Mexico: UNAM.

Ak`abal, Humberto, Dos lágrimas. In: Ak`abal, Humberto , Grito – Raqon-chi'aj, 2004. Guatemala: Editorial Cholsamaj.

Ak`abal, Humberto, La flor amarilla de los sepulcros. In: Ak`abal, Humber-to , Grito – Raqonchi'aj, 2004. Guatemala: Editorial Cholsa-maj.

Equipo de Antropología Forense de Guatemala (EAFG), 1997, Las masa-cres en Rabinal. Estudio histórico-antropológico de las masa-cres de Plan de Sánchez, Chichupac y Río Negro (2. überar-beitete Auflage). Guatemala : EAFG.

Ichon, Alain / Douzant-Rosenfeld, Denise / Usselmann, Pierre, 1996, La Cuenca Media del Río Chixoy (Guatemala). Ocupación prehi-spánica y problemas actuales. Mexiko / Guatemala: Centro Francés de Estudios Mexicanos y Centroamericanos / Univer-sidad de San Carlos de Guatemala – Escuela de Historia.